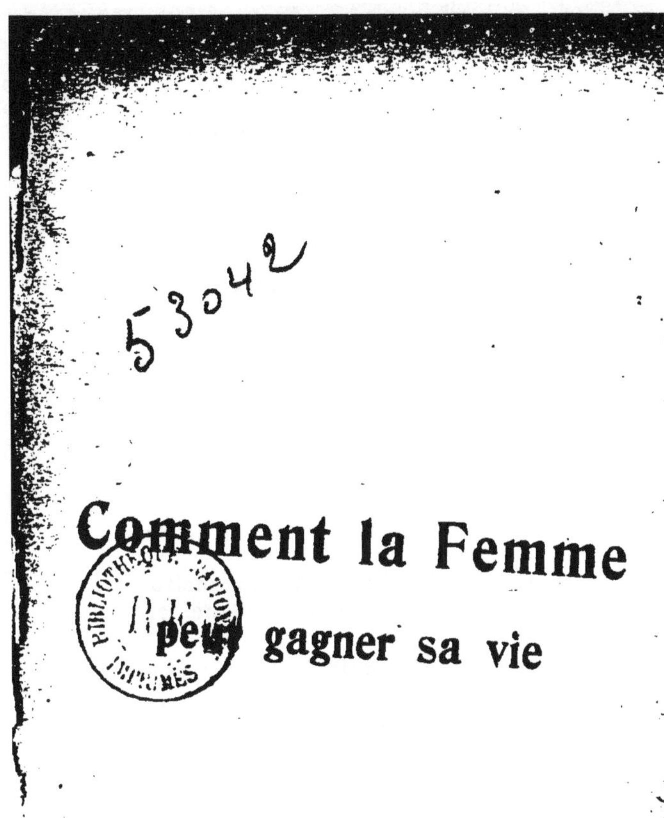

Comment la Femme peut gagner sa vie

DU MÊME AUTEUR

Georges *RÉGNAL*

La vie telle qu'elle est, *comment il faut la prendre*, 6ᵉ édition, médaille d'or de la Société d'Encouragement au Bien . . . . 2 fr.
L'Argent, étude. . . . . 1 fr. 50

Mme Georges RÉGNAL
(Cousine Jeanne, Parisette, Lutecia)

Le Livre de Cousine Jeanne, recueil de conseils pratiques. Hygiène, Toilette, Ménage . . . . 4 fr.
Le Protocole Mondain, code des usages élégants . . . . 3 fr. 50
Conquête et culture de la Beauté chez la Femme . . . . 2 fr.
La Broderie, superbe album. Photogravures sur papier couché. Tirage de luxe. — Franco, recommandé. . . . . 1 fr. 75
Deux Tendresses, Deux Détresses, roman de la collection « Auteurs Contemporains ». . . . . 0 fr. 95

NOTA. — Tous les autres ouvrages des mêmes auteur sont épuisés.

Émile Colin et Cⁱᵉ. — Imprimerie de Lagny.
E. Grevin, Succʳ.

GEORGES RÉGNAL

Comment la Femme peut gagner sa vie

LIBRAIRIE ILLUSTRÉE
J. TALLANDIER, Éditeur
8, Rue Saint-Joseph, Paris

Comment la Femme
Peut gagner sa vie

Il n'est pas vrai de dire que les femmes veulent aborder toutes les carrières réservées aux hommes, ambitionnent tous les métiers hormis celui de mère de famille. Il n'est pas vrai de dire que la femme rougit d'être femme. Si elle renonce, ainsi qu'on le prétend, à rester un être de grâce et de sourire, c'est qu'actuellement la nécessité de l'existence la force à sortir des séductions du rêve, pour entrer courageusement dans la brutale réalité.

DUCHESSE D'UZÈS, née MORTEMART.

Jadis le Travail, surtout pour la Femme, était considéré par les hautes classes comme une déchéance. Les filles de qualité lui préféraient le Couvent. Cette retraite, dont l'austérité n'offrait rien d'excessif, valait peut-être mieux, en somme, que l'âpre et cruelle lutte à laquelle se voient condamnées nos contemporaines. — Dans la paix, notre sœur d'autrefois coulait une existence calme, digne, pure... Elle passait sur la terre, semblable à la fleur du vallon, ignorante de son propre destin, inconsciemment subi.

A présent le travail est devenu son lot presque certain, de par une évolution sociale contre laquelle il serait puéril et superflu de s'insurger.

1

Cela *est ;* cela doit être accepté. Et ceci constitue
l'une des plus justes, des plus sérieuses raisons,
de la propagande féministe.

A cause de cela aussi, le travail tend à honorer
de plus en plus celle qui l'exerce, d'abord parce
qu'il lui est imposé, et ensuite parce que les mœurs,
heureusement ! relèvent peu à peu toutes les professions. L'instruction, la bonne éducation font de
l'ouvrier qui se respecte un « homme » véritable.
Le commerce ne se diminue plus par les petites
pratiques du bas marchandage, de l'écoulement
des « rossignols... » Ce n'est plus l'art de tromper
habilement, comme par le passé ; c'est la science
du calcul, des connaissances élargies, universelles,
aboutissant à lutter contre la concurrence par de
loyales façons de procéder. Enfin une morale moins
relàchée qu'on le dit, mais plus indulgente, plus
humaine, plus chrétienne, pardonne aussi à l'artiste certaines licences qui jadis le faisaient excom-
munier.

Ce progrès s'accentue et s'accentuera encore en
faveur de la Femme. Nos nièces ne connaîtront
pas les pénibles déboires qui sont le lot des laborieuses actuelles.

Nous allons examiner le sort de ces dernières...
Il est encore très dur. Mais il s'améliorera sous
l'influence de nobles initiatives. Les vieilles générations reculent peu à peu, perdent de leur influence ; les nouvelles arrivent avec des idées
neuves. — Les femmes les plus à plaindre sont
celles d'aujourd'hui, parce qu'elles sont venues à

une époque de transition. Il faut pour la plupart qu'elles travaillent, et elles n'ont pas été préparées à travailler. Elles demandent ce travail, les trois quarts du temps, aux hommes qui sont hostiles à la collaboration féminine. Elles se heurtent à de terribles difficultés qu'il est sage de ne pas leur dissimuler au moment où elles veulent entrer dans l'arène.

Pour la femme d'aujourd'hui, il n'est pas grand'-chose à faire. — Pour la femme de demain un vaste programme est à étudier.

En l'état actuel de la société, toute mère de famille, riche comme pauvre, doit prévoir le travail dans l'avenir de ses filles. Tant mieux pour celle qui n'y est pas prédestinée dès sa naissance, si elle échappe à cette nécessité.

Nulle fortune n'est à l'abri des revers. « Millionnaire » au vingtième siècle n'est plus synonyme de « riche », car un million, en placement soi-disant sûr, rend à peine trente mille francs de rente ; et un million dans les affaires est fortement exposé.

Donc, la classe moyenne a le devoir absolu de préparer les enfants à l'obligation essentielle de travailler lucrativement.

Mais, quel état choisir?

Tout en ne méprisant aucun métier, une jeune bourgeoise a le droit d'aspirer à un autre que celui de balayeuse des rues... — bien que ce métier soit moins banal qu'il n'en a l'air, puisqu'il faut beaucoup de protections pour entrer dans le corps envié des cantonniers de la Ville.

Donc, que peut faire une femme pour se créer des ressources ?

— Tout !...

— Rien !

... s'écrient simultanément les auditeurs, selon qu'ils appartiennent au clan des optimistes ou à celui des pessimistes.

La vérité est comme toujours entre les deu extrêmes qui sont également exagérés.

Il s'agit avant tout de savoir si l'intéressée est en âge de donner son opinion, ou bien si l'on doit diriger son inexpérience, — en un mot : choisir pour elle une carrière?

Pas de plus scabreux devoir.

Combien de fois se méprend-on sur les aptitudes d'une fillette !... Trop aisément on confond ce qui est chez elle une simple imitation des choses qui se pratiquent autour d'elle, avec les véritables « dispositions », signes de vocation.

On oriente alors ses études sur une voie, — et à mi-chemin on s'aperçoit que l'on fait fausse route.

Si l'on s'est trompé, si la jeune fille marque de la répugnance pour l'état auquel on la destinait, il ne faut pas la contraindre, car en travaillant avec dégoût elle serait très malheureuse et ne réussirait que fort médiocrement. Laissez-la s'engager sur une route nouvelle. Ne regrettez pas le temps ni la dépense qui vous semblent perdus. Rien n'est inutile de ce qui accroît les connaissances humaines. Quand cela ne servirait qu'à élargir l'intelligence, ce serait déjà un profit. L'enfant, accoutumée à l'étude, à la régularité d'un travail quotidien, changera d'apprentissage aisément, et fera de rapides progrès dans une occupation qui lui plaît. — Nous avons le grand tort de forcer l'enfance au labeur précoce. On apprend beaucoup plus vite lorsque le cerveau est formé que pendant sa formation. L'enfant retient ce qui s'apprend *sans comprendre*. Sa mémoire est prodigieuse — comme son instinct simiesque de reproduction des gestes dont il est témoin. C'est plus tard seulement, quand il peut raisonner, que ses facultés lui permettent la compréhension des choses difficiles, abstraites... Et s'il en a le goût, il s'assimile en un mois ce qu'il n'aurait pas appris en un an précédemment.

Ce qu'il faut, plutôt que de déterminer inconsidérément l'avenir d'une petite fille, c'est de la préparer à « l'avenir » quel qu'il puisse être; c'est de l'armer pour la bataille sur quelque terrain que plus tard il la lui faille livrer.

D'abord la plus sage hygiène lui assurera la santé sans laquelle tout effort est vain.

Ce n'est pas ici la place d'entrer dans le détail pratique des soins à prendre pour y arriver (1) Qu'il

---

(1) Lire *Conquête et Culture de la Beauté chez la Femme,* par la Comtesse Lutecia.

me soit permis seulement de *supplier* les parents
de *tout* sacrifier à cela ; de faire passer la culture
physique avant toute autre considération jusqu'à ce
que la fillette ait franchi la passe difficile de l'âge
nubile. Le temps consacré à faire un bel animal
n'est pas perdu. On le rattrape plus facilement,
qu'on ne répare les dégàts causés par le surmenage.

Sans gâter l'enfant, ce qui serait lui rendre un
bien mauvais service, on peut l'élever dans la
joie saine et moralisatrice. Il est possible de l'ha-
bituer à trouver le bonheur par l'obéissance con-
sentie, reconnue salutaire ; par l'accomplissement
de sa tâche faite avec bonne humeur.

On ne réussit dans la vie qu'avec un aimable
caractère, avec la grâce de l'abord, qui conquiert
tout autant que la beauté et ne passe pas comme
celle-ci. On adoucit tous les angles par la pratique
de cette politesse qui part du cœur, comme le tact
vient de l'esprit.

A mesure que la fillette grandit, on lui inculque
les habitudes de bonne tenue, de coquetterie ra-
tionnelle, d'ordre, de ponctualité, et même d'épargne. Combien de créatures bien douées échouent
faute des qualités secondaires dont nul ne peut se
passer ! — L'exemple est le meilleur des maîtres,
rappelons-nous-le (1) !

Si j'ai préconisé la culture physique, je n'ai pas
prétendu négliger celle de l'intelligence.

Sans livres, sans leçons sévères et trop préco-

(1) Lire *La vie telle qu'elle est, comment il faut la prendre*,
par Georges Régnal.

ces, sans rien de ce qui fatigue la vue, ni le cerveau, il est possible d'éveiller les juvéniles curiosités et de les tourner vers les choses jolies... — A la fillette, il est bon d'apprendre l'emploi du temps, de donner le goût des distractions utiles. — C'est une tâche passionnante que de développer jour par jour un caractère, de le former à mesure qu'on en découvre les facultés jusqu'alors inconnues. Diriger sans opprimer, préparer la femme future... quel séduisant programme !

Quand on approche de l'époque où il faudra décider d'une carrière pour la jeune fille, tâchez, en l'observant avec soin, de deviner pour quoi elle semble faite.

Méfiez-vous des intelligences universelles ou plutôt obligez le sujet à se spécialiser. On n'obtient pas de résultat pratique en effleurant tout, en n'approfondissant rien.

Plus encore que les qualités, il est bon de considérer les défauts de la grande fillette, — ces défauts qui pourraient lui nuire considérablement dans telle ou telle situation ; et qui, utilisés, peuvent au contraire tourner en éléments de succès.

Ne prétendez pas réformer sa nature. Une soumission sincère chez l'adolescente parviendrait peut-être à la dompter, mais sans grand profit. Cette nature se réveillerait, se rebellerait à la première occasion. Et même si elle demeurait passive, elle servirait fort mal ses oppresseurs. — On doit tenir compte des tempéraments. L'apathique ne

deviendra jamais active. L'activité s'accommode
mal de la besogne sédentaire. Tel qui est « du
matin » ne supportera pas les veilles; et qui a
l'imagination nocturne ne sera pas matinal. Le
caractère doux et tendre ne sera pas entreprenant.
L'esprit vif, prompt, courageux, ne se résignera que
très difficilement à une existence sans horizon.

Lorsqu'on se trouve en face d'aptitudes mal définies et d'une humeur indifférente, le mieux à faire
semble être de diriger la jeune fille du côté où
elle trouvera des appuis, des relations, sans lesquels aujourd'hui il est presque impossible d'arriver à rien.

Entendons bien que nous ne parlons pas du
régime odieux des faveurs imméritées, des passe-
droits révoltants ! Nous ne songeons qu'à la légitime prévoyance qui peut assurer des guides, des
maîtres, à la débutante.

Contrairement à ce que certains s'imaginent,
surtout en ce qui touche particulièrement les professions libérales, on n'a pas besoin de « connaître
tout Paris » pour réussir. Il suffit d'être connu
honorablement d'un petit nombre, respectable et
plus ou moins influent. — Les relations ne constituent un capital qu'à la condition d'être de bonne
qualité. — Aux autres on n'est redevable que de
déconsidérations et de désagrément.

— « Mais je ne connais personne !... » viendra
vous dire celui-ci ou celle-là.

On connaît toujours quelqu'un lorsqu'on a vécu

d'une façon estimable. — Il se peut que ce quelqu'un soit un bien modeste répondant. Alors on se contente aussi d'un début modeste. Mieux vaut être le dernier dans un endroit considéré que le premier dans un milieu douteux. — On se forme sous la direction d'une autorité sérieuse, on s'étiquette bien, on fait un bon départ. Et si par la suite on croit devoir changer de route, que ce ne soit jamais par impatience ou caprice, mais pour des raisons mûrement pesées.

A présent il nous faut aborder une question délicate, mais de la plus haute importance : celle de la Moralité.

Le temps n'est plus où l'on ne considérait comme vraiment « jeune fille » que la petite « oie blanche... » destinée à être plumée vive dès qu'elle quitte l'aile maternelle. A présent on sait qu'il faut être une « initiée » si l'on veut être une « préservée ». On a compris que la modestie, la droiture, la juste fierté, s'accommodent parfaitement de la connaissance de son siècle. et d'une certaine confiance en soi-même grâce à laquelle on échappe aux timidités paralysantes, aux puériles poltronneries.

Apprenez à vos filles ce qu'est réellement la vie. Il est coupable de donner à une pauvre enfant des principes qu'elle ne pourra pas mettre en pratique : de lui enseigner une vertu trop intransigeante, de lui forger des illusions qui la conduiront fatalement aux déceptions, aux découragements. aux drames de la misère, aux catastrophes sentimentales.

Des réformes se préparent, certainement, en faveur dé la femme laborieuse; mais en attendant que l'on en sente les bienfaits, force s'impose de s'accommoder du présent.

Or, la réalité actuelle est que *très rarement, très difficilement la femme parvient à vivre de son travail, son salaire n'étant en général qu'un salaire d'appoint.*

Même lorsque la profession semble brillante et lucrative, elle n'échappe pas à cette règle. Les dépenses qu'elle impose surpassent les recettes, au moins pendant d'assez longues années. Nous le verrons plus loin.

Et une chose absolument immorale, une chose dont cependant l'État lui-même donne l'exemple dans ses services, — c'est qu'à tâche égale la rémunération de la femme soit inférieure à celle de l'homme.

En fait d'immoralité il nous reste encore à constater que la *complète* réussite a presque toujours pour raison des complaisances spéciales. Publiquement, officiellement, il a été déclaré par le Conseil national des Femmes, que dans beaucoup de bureaux ou d'ateliers, « les patrons ou les chefs s'octroient l'ancien droit seigneurial, et menacent de renvoi celles qui tentent de se soustraire à leur désir. »

Ceci concerne le plus humble travail. Si nous

regardons plus haut, nous verrons l'argent, la gloire, la Légion d'honneur (!!!) récompenser des talents féminins indiscutables, certes, — mais des talents qui n'auraient jamais été mis en lumière si celles qui les possèdent avaient eu des scrupules absolus.

Voici donc la vérité nette, brutale ; — et plus encore : cruelle ! si nous ajoutons que les femmes ne sont pas moins corruptrices parfois que les hommes, par leur exemple, par leurs conseils, par les tentations dont elles environnent l'honnêteté.

Eh bien, voilà ce qu'il faut dire aux jeunes filles, aux femmes, non pas pour les décourager ou les inciter à des compromis bien loin de notre pensée. Seulement celles qui sont assez hautes d'âme pour préférer l'estime d'elles-mêmes à des succès dont elles rougiraient en leur for intérieur, ne doivent pas être leurrées. Elles sauront que sans quelques ressources personnelles, il leur sera quatre vingt-dix-neuf fois sur cent impossible de vivre du travail de leurs mains ou de leur cerveau. Que la pauvreté, — le plus grand dissolvant des consciences ! — les réduirait aux concessions navrantes. Que par conséquent, si elles prétendent garder leur fière indépendance, elles ne rejetteront étourdiment ni la protection de la famille, ni le secours pécuniaire qu'il n'est jamais permis de dédaigner ou de gaspiller.

Sachant que droites et irréprochables, elles ne peuvent s'élever très haut, n'importe en quelle pro-

fession, — à moins d'une chance qu'on a le droit
d'espérer pourtant ! — elles iront sagement, prudemment, dans la vie, ne négligeant pas d'entrer de
très bonne heure dans les Associations professionnelles, les Mutualités, les Sociétés de Prévoyance,
même si elles sont dans l'insouciance d'une période
prospère. L'avenir est à la solidarité, à l'entente confraternelle. Les personnes qui autrefois ne connais-
saient que la charité, commencent à comprendre
que celle-ci peut se compléter par une entente
toute moderne de la bienfaisante confraternité.

Je viens de montrer les mauvais, les tristes
côtés de la vie laborieuse pour la femme.

Mais puisque le réalisme doit embrasser le
Beau non moins que le Laid, je veux montrer
aussi le tableau plus riant du travail heureux.

Celle qui possède des moyens, de minces ressources personnelles, et qui peut se contenter
du salaire d'appoint, — celle qui a pu attendre
que les années améliorent sa situation — celle qui
en un mot, a plus ou moins réussi dans sa sphère
humble, modeste ou brillante, et de qui la réussite s'est faite de courage, de persévérance...
celle enfin qui peut porter la tête haute et *doit* la
porter sans morgue mais avec dignité devant l'Or
ou la Puissance, celle-là est bien plus heureuse que
la jeune fille autrefois esclave des préjugés et condamnée à se dessécher d'ennui. Le travail procure
un peu de liberté, une distraction régulière, quotidienne ; une certaine satisfaction de soi-même et

enfin des chances de relations, d'imprévu qui peuvent toujours modifier favorablement la destinée d'une fille sans dot.

Quand le mariage ne s'est pas présenté, au lieu de se faner dans une demeure froide et morne, la « célibataire » plus développée, plus indépendante que la pauvre « vieille fille » d'antan, jouit d'un sort qui deviendra de plus en plus agréable, à mesure que nous nous rapprocherons des mœurs anglaises et américaines. Là-bas, de l'autre côté de la Manche ou de l'Océan, la femme, mieux protégée que chez nous, est aussi mieux aidée et plus estimée dans sa tâche. La femme de théâtre elle-même est libre, si elle le veut, d'aller jouer son rôle comme elle irait à son bureau ou à son magasin... Il n'en est pas de même fâcheusement dans nos pays latins.

Il n'y a pas encore bien longtemps, un noble de la meilleure éducation, à base religieuse, disait à propos d'une aventure passionnelle :

— Une ouvrière, ça se « culbute », mais ça ne s'épouse pas.

Egalement, dans notre société une travailleuse, on la paie... et puis, c'est tout.

On m'assure qu'ailleurs on l'honore aussi.

En France, on y viendra... On y vient déjà... Et il ne dépend que de la femme qu'une transformation se produise très vite, si par l'Union qui fait la Force, elle impose ses droits; et si par le respect d'elle-même, chacune individuellement sait se faire respecter.

COMMENT SE CRÉER DE PROMPTES RESSOURCES?

Si l'existence de la femme préparée à gagner sa vie ne nous apparaît pas très facile, combien plus terrible est le sort de la femme précipitée du jour au lendemain de l'aisance dans l'obligation de travailler pour vivre !

Que faire?... Comment se retourner?

Si elle croyait posséder un talent quelconque, elle s'aperçoit bien vite, souvent! d'en avoir un beaucoup moindre qu'elle se l'imaginait. Ensuite elle découvre la difficulé énorme qu'on rencontre à tirer profit même d'un talent réel.

La charmante Inutile de la veille débute par se heurter à une concurrence insoupçonnée, formidable, dans toutes les branches possibles du savoir. Peu à peu lui apparaissent des dessous, des secrets professionnels, dont la révélation est pour elle un déboire à chaque instant renouvelé. Une des plus cruelles illusions est de constater combien le vrai mérite semble peu rémunérateur... du moins quand le besoin vous talonne.

Les « places » sont rarissimes aussi. Il n'y a que dans les comédies ou les romans qu'elles se rencontrent à point.

Le travail manuel chez soi ou dehors est extrêmement peu payé.

Et « la course à la vie » met l'infortunée aux prises avec les fatigues, les découragements des démarches innombrables et sans résultat. Elle rencontre l'hostilité des hommes, effrayés par la concurrence croissante du sexe faible mais tenace et insinuant.

D'autres fois, se dresse devant elle l'obstacle, au contraire, d'une amabilité excessive, — qui se transforme, pour la femme hors d'âge ou peu séduisante, en un manque de déférence cruel.

Lui reste-t-il quelques sous?... ou suppose-t-on qu'elle puisse trouver de l'argent près d'un appui quelconque?... Alors on exploite sa touchante ignorance, on la vole, on la dépouille, quand on ne la déconsidère pas en la mêlant à des affaires louches.

Bientôt elle arrive à comprendre que chercher du travail équivaut à une façon décente de solliciter l'aumône ; et que la rémunération du travail, en certains cas, devient une manière de charité discrète.

Tout ceci contraint la travailleuse à l'acceptation des bas salaires, quand par hasard elle trouve à s'employer.

Il existe certainement des Administrations d'une haute honorabilité, où l'on ignore ces procédés. Mais alors elles sont assaillies par un tel nombre de postulantes, qu'il devient presque impossible de s'y faire admettre, même avec des protections ! Du reste les protections aujourd'hui sont monnaie si courante, que tout le monde en a, qu'elles s'annulent mutuellement, et ne servent plus à grand chose.

Sollicitée de toutes parts et à chaque instant par de pauvres femmes de tout âge, de tout rang, qui viennent me supplier de les aider, parce qu'elles s'imaginent que mes relations peuvent les servir, je résolus de m'instruire, de me documenter, d'ouvrir une enquête dont le but était d'écrire le présent ouvrage, et de rendre un réel service à tant de créatures intéressantes à l'égard lesquelles la pitié ne saurait trop s'éveiller.

J'allai voir un homme âgé, depuis longtemps mêlé aux choses de la vie parisienne et laborieuse. Sa situation, qu'il est superflu de préciser, le mettait à même de me renseigner mieux que personne. Je lui posai cette question :

— Que peut faire une femme dite « du monde », pour se créer d'immédiates ressources?

— La cuisine, me répondit-il froidement.

— Soyez sérieux... répliquai-je. C'est sérieusement que je vous interroge.

— C'est aussi très sérieusement que je vous réponds. La « femme du monde », ainsi que vous l'appelez, est incapable de travailler comme il faut qu'on travaille quand on veut se faire une position même modeste, — c'est-à-dire : du matin au soir. Elle n'a pas été accoutumée à répondre de son exactitude, en faisant taire son cœur, en fouettant sa bête qui n'a plus le droit d'être malade ; en ne se permettant aucune excuse, fût-elle des plus louables. La femme du monde prétend gagner de l'argent parfois *incognito*, alors qu'il est déjà si difficile d'un gagner à front découvert! La femme du monde gâtée par les flatteries, habituée à dépenser, s'exagère la valeur de sa production, aspire à des gains que l'employeur ne peut lui accorder... Qu'elle fasse la cuisine! vous dis-je. Elle aura de bons gages et des profits.

Je me mis à rire :

— La cuisine est un art... malheureusement un art que les mondaines ne se considèrent pas comme « d'agrément » et dont elles n'ont guère la pratique.

— C'est un tort, fit mon interlocuteur nettement.

— Je ne nie pas... Toutefois leur situation...

Mon vieux monsieur s'impatienta :

— Il n'y a pas de *si-tu-a-tion*... Quand on veut manger, on se place laveuse de vaisselle en attendant mieux. Sans doute il faut cesser de paraître aux five o'clock de ses belles amies... Mais on a de l'énergie et l'on se sort de peine.

— D'accord... Seulement, si quelques femmes auraient peut-être le bon sens et le courage d'agir selon vos avis, leur entourage, les parents, les maris surtout, ne consentiraient pas souvent à une pareille abdication.

— Qu'elles se passent du consentement!... Quand on ne peut pas nourrir sa fille, sa sœur ou son épouse, on la laisse travailler... à moins qu'on préfère la voir faire autre chose.

Ce langage, bien qu'un peu paradoxal, ne manque ni de raison ni d'enseignement. En outre, il indique, par son esprit très moderne, une louable tendance au respect du labeur le plus humble, de ce labeur ménager si longtemps méprisé et combattu par les préjugés non seulement de la noblesse, mais de la prétentieuse bourgeoisie.

Ne souhaitons pas que toutes les femmes soient des « cordons bleus », car nous verrions la pléthore des cuisinières apparaître parallèlement à celle des bacheliers. Mais ouvrons les yeux aux femmes du monde; enlevons-leur les illusions sur l'utilité des petits et grands talents dont elles se glorifient durant la prospérité, et dont elles tireraient un si maigre profit, probablement, dans l'adversité! Conseillons leur de *prévoir*... Aidons-les à trouver le moyen de vivre laborieuses et honorées.

Une économiste de valeur, madame Rouyer, n'a pu découvrir un gagne-pain *immédiat* pour la femme. *Il n'en existe pas.* Ce n'est que par chance exceptionnelle qu'une inoccupée de la veille se crée des ressources du jour au lendemain! et le plus souvent cela n'arrive pas de la façon que l'on pouvait attendre.

En somme, suivant ses goûts, ses instincts et l'occasion, la femme d'aujourd'hui peut tout entreprendre. Les hommes qui vendent de la dentelle sont mal venus de la blâmer quand elle se fait « cochère », et ce sont les couturiers qui excusent les avocates.

De plus, si la réelle supériorité, le génie, sont privilège exclusif du sexe mâle — (oui, madame... oui, mademoiselle...), — la « valeur moyenne » féminine, dépasse la valeur moyenne masculine (... oui, monsieur). Nos qualités de finesse, de patience, nos habitudes d'ordre, de sobriété, de régularité, notre hygiène morale ancestrale, en un mot, nous ont pourvues de dons qu'hélas! nous perdrons probablement après quelques années d'émancipation.

Je crois au succès *personnel*, car avec la même somme d'instruction, des moyens d'action en tous points semblables, deux individualités arrivent à des résultats complètement différents.

On parle de *chance*... On a raison souvent, car la Chance existe... Néanmoins on pourrait aussi se rendre compte que l'esprit de conduite, le bon sens, qui cheminent à petits pas et sans bruit, ont bien aussi leur part dans la réussite. Il y a des gens que la Chance veut absolument favoriser, à qui elle sourit avec insistance... Eux, ils s'obstinent à repousser ses avances, à démolir ses bienfaits, à gâcher la situation.

Sachant combien il est difficile — pour ne pas dire « qu'il est impossible » — de gagner sa vie du jour au lendemain, les femmes ne devraient jamais se désintéresser des affaires des hommes dont elles dépendent. Ceux-ci, pour s'éviter des ennuis, ne sont sont que trop enclins à leur cacher les soucis qu'ils peuvent avoir. Parfois, plus la femme est autorisée à dépenser, plus elle doit tenir à s'assurer que les largesses de l'époux ou du père n'ont pas pour but, justement, de dissimuler un état embarrassé ou périclitant.

Dès qu'elle a le moindre doute sur la sécurité financière du ménage, elle doit envisager la possibilité de la décadence totale et s'y préparer. Alors, la pire erreur qu'elle pourrait commettre serait de se dénuer absolument de ressources, par générosité. Le geste semble magnifique, qui consiste à vendre l'alliance de sa mère et la croix d'honneur de son père, pour payer des créanciers ou pour jeter dans le gouffre une paillette d'or. Ce geste constitue une pure sottise, parce qu'il est inutile. On ne sauve pas une situation en se dépouillant. On s'enlève tout simplement la seule chance de relèvement. Le premier devoir est de sauver ce qui vous permettra de ne pas être à charge au vaincu, et peut-être de l'aider à se relever lui-même.

Si l'épave était suffisante pour assurer le nécessaire à une vie modeste, je conseillerais toujours de ne la risquer sous aucun prétexte dans aucune entreprise. Un petit capital est presque fatalement englouti d'avance, quand c'est l'inexpérience qui l'aventure. Or, comme « le pain » est plus précieux pour la femme que la fortune — parce que la femme peut se passer de luxe et ne saurait se priver de ce qui garantit sa dignité — elle conservera ce qui lui donne l'indépendance, pauvre, sans doute, mais fière.

J'entends déjà l'objection.

— Si personne ne risquait rien, on ne ferait jamais rien...

Ce n'est guère le rôle de la femme, sauf de rares exceptions, de se lancer dans l'imprévu. N'oublions pas qu'en dépit de toutes les théories, nous parlons d'un être plutôt héroïque que robuste ; d'un être menacé de tous côtés par la nature, par les exploiteurs...

Oui, l'on veut « risquer » et il faut risquer les capitaux *insuffisants* pour vous faire vivre, mais pas ceux qui vous donnent le strict nécessaire.

On les emploiera sagement, par exemple, à terminer des études incomplètes, à payer l'apprentissage d'un métier, à faire la mise de fonds d'un travail avec la presque certitude de la réussite.

Moins volontiers je verrais une personne « s'établir », car le commerce est devenu très difficile, toute la force appartenant aux grosses entreprises.

Être chez les autres procure plus de tranquillité

que de se débattre contre les responsabilités, les échéances et la crainte du lendemain.

En province surtout, dès qu'une femme doit se créer des ressources, elle pense infailliblement à l'Aiguille ou à la Plume... Nous verrons plus loin ce que cela vaut.

D'autres se proposent comme dames de compagnie, d'intérieur, pour tenir une maison, soigner les malades, ou surveiller des jeune filles.

En tant que profession tout cela est fini. Un hasard peut encore nous procurer une situation de ce genre, mais elle ne serait que temporaire, à la merci des événements.

— Donc faites-vous servante!... répondrait mon vieux philosophe interviewé.

A quoi je lui répondrais :

— Prendriez-vous à votre service une personne qui aurait toute sa vie donné des ordres au lieu d'en recevoir? Auriez-vous confiance dans ses capacités, dans son humeur, dans ses forces physiques?

Je vous répète que rien n'est plus digne de pitié que la femme condamnée au travail sans y avoir été préparée.

Pour trouver de l'occupation cette femme a souvent recours à l'annonce dans les journaux.

Le procédé a parfois réussi, mais il ne rend pas toujours ce qu'on en attend. Le nombre des gens qui s'offrent dépasse tellement celui des gens qui

demandent, qu'on perd presque toujours son argent.

Il est préférable de lire les Petites Annonces afin
d'y découvrir peut-être celle qui vous convient.
Toutefois il faut encore se défier des propositions,
surtout quand elles paraissent trop avantageuses.
Il y a toute une catégorie d'individus qui s'amusent
aux dépens de la femme ou qui l'exploitent. Les
premiers sont moins dangereux que les seconds
quoiqu'ils aient parfois le jeu cruel.

Les autres sont de vulgaires escrocs. Si peu
qu'ils demandent d'argent à la solliciteuse, elle le
doit refuser; car c'est sur la quantité des dupes
que le malfaiteur réalise son bénéfice. Supposez
par exemple un avis dans ce genre :

GAIN ASSURÉ par travail tout ce qu'il y a de plus fac.
Écr. n° 3333, bureau rest. Joindre timbre réponse.

Il est presque sûr que votre timbre sera perdu.
La spéculation sur la naïveté du public est bien
simple : l'annonce a coûté 3 fr. 75. Ne rapporte-
rait-elle que cent timbres à 10 centimes, cela fait
6 fr. 25 de bénéfice. Et elle en rapporte beaucoup
plus, tant il y a de malheureux des deux sexes,
avides de gagner... même quand ils n'ont pas besoin.

Cet exemple très mesquin, et qui du reste devient rare parce que le procédé est éventé, n'a
pour but que d'aviser les travailleuses qu'elles
aient à se méfier de *tout*... de TOUT, c'est bien net,

et cela dissipe toute équivoque. Dès qu'on leur demande un sou il y a piège. Le vulgaire « droit d'inscription » est une attrape.

Disons aussi que les maisons sérieuses exigent très rarement une caution de leurs petites caissières, ou un apport de leurs employées. Cela ne signifie pas qu'on ne doive jamais « mettre de l'argent dans une affaire »... Mais cela signifie qu'il ne faut le faire qu'en pays de connaissance, en complète sécurité, parce qu'on en a envie et qu'on le propose soi-même. Mais jamais parce qu'on veut vous en imposer la condition.

La connaissance de toutes les choses plutôt péni-bles que je viens de dévoiler ne fera pas reculer les braves. La vérité non maquillée ne rebute ni l'énergie ni l'intelligence.

La femme atteinte par un revers de fortune se dira ceci :

— J'y suis... Il faut que je m'en tire. Et je m'en tirerai parce que tout s'arrange. C'est une question de persévérance et de bonne direction. Les personnes qui se suicident par misère sont rares. Il est prouvé que si elles sont arrivées à cet acte de désespoir, c'est qu'elles étaient plus à bout de courage que de ressources.

Réconfortée par ce raisonnement, la femme exa-minera sa situation propre. Elle évaluera d'abord quels sont ses moyens *d'attendre*... car tout est là. Puis elle tâchera de déterminer sûrement quelle occupation lui convient. Elle prendra des conseils ; elle s'éclairera ; au besoin elle *apprendra un état.*

Enfin, bien persuadée que mathématiquement elle ne peut pas payer 110 francs avec 100 francs, elle *n'acceptera aucune charge*.

Elle diminuera ses besoins également, jusqu'à les réduire presqu'*à rien*, momentanément.

Ne me racontez pas que telle ou telle personne, malgré ses talents, ses efforts, ses admirables qualités n'a pu gagner sa vie... *Ce n'est pas vrai*... Si vous connaissiez les dessous de son infortune, vous sauriez que celle-ci a une cause : la vanité, l'excessive bonté, la sensibilité trop vive, le respect des préjugés... des choses très excusables, très nobles, magnifiques peut-être ! des choses qui nous touchent, que nous admirons c'est possible... mais des choses qui entretiennent la misère. Il ne faut pas que la victime accuse le travail, et par là décourage les autres. — Sauf la maladie ou l'infirmité, il n'y a pas de raison pour que la femme libre ne gagne pas sa vie, modestement sans doute, mais la gagne.

Si, n'ignorant pas les conditions très dures du labeur actuel, la femme accepte néanmoins les charges de la famille, le passif d'une liquidation ou autres engagements, elle se prépare une existence de luttes, d'expédients, de désordre, de... « déshonorabilité »... Elle est parfaitement libre de préférer tout cela à certains actes de fermeté. Je ne moralise pas ; j'instruis.

Un dernier mot concernant les « Œuvres » d
sistance :

Quelles que soient-elles, leurs bienfaits ne sa
raient être d'un secours prolongé On aurait t
de s'y fier pour plus que pour une aide passagè
Leurs charges sont grandes; leurs finances so
médiocres. Certaines ne sont pas très bien admi
nistrées. D'autres, fort sages, ne sont pas riches.
De plus, toutes ces œuvres sont épuisées par c
que j'appellerai : les « pique-assiettes » de la bien
faisance. Les œuvres ont pour but de tendre l
main à la femme énergique, de ne pas l'abandonne
dans un isolement et dans une détresse qui dé ri
meraient les plus ardents courages. Mais les œuvr
n'ont ni la mission, ni le pouvoir de nourrir cell
qui ne sont capables de rien... et c'est le plus gran
nombre. — « Aide-toi, nous t'aiderons... » tell
pourrait être la devise des associations charitable

Maintenant supposons que nous nous trouvon
en présence d'une « femme du monde » réellemer
laborieuse, énergique, possédant encore quelque
billets de mille francs, avec l'intention de les employer à se créer une profession. Laquelle ser
t-il prudent de lui conseiller ?

A ces questions je répondrai... par un ques
tionnaire.

Il y a quelques mois, une revue dont j'ignore l
nom avait, paraît-il, proposé à ses lectrices un d
ces petits plébiscites à la mode aujourd'hui. E
justement elle leur demandait ceci :

Obligée de choisir un métier, que voudriez-
is être ? »

Les réponses furent celles-ci :

Femmes de lettres 7.645
Doctoresses 6.614
Avocates. 5.929
Couturières 5.875
Peintres. 5.649
Brodeuses 3.423
Dactylographes. 3.332
Actrices. 3.297
Infirmières. 2.748
Femmes de chambre   844

Nous allons voir, pratiquement ce que valent
les professions.

FEMMES DE LETTRES

Voilà donc la profession qui séduit le plus la française !

Cela n'a rien de surprenant. La « littérature » c'est du bavardage silencieux. En France nous sommes doublement bavardes, et comme filles d'Eve, et comme issues de ces races latines qui toujours raffolèrent de discours.

Oui, il est vraiment amusant de jaser ou de pontifier, plume entre doigts : de coopérer à l'éducation de l'univers, — puisque le livre et surtout le périodique s'en va porter la pensée à travers le monde entier. Il est délicieux de s'adresser à une foule immense, d'éprouver la sensation qu'elle vous écoute complaisamment, — et cela sans vous infliger l'affreux supplice du *trac* que l'on éprouverait si l'on était en face d'elle.

Et puis, *écrire* est chose si peu coûteuse ! si facile !... Par ce temps d'instruction obligatoire, qui donc ne possède pas les données élémentaires du métier?... Un peu de papier, quelques gouttes d'encre, une plume, voilà tout le matériel nécessaire... — Quant au génie? On le porte en soi.

Redevenons sérieux et reconnaissons que bon nombre de femmes ont la sagesse de n'aspirer qu'à un certain talent, — à ce talent modeste, résultat d'une longue patience, d'un travail acharné, consciencieux, châtié.

C'est à ces femmes-là, ouvrières de la plume comme elles seraient ouvrières de l'aiguille, qu'il faut parler du *métier*.

Les intellectuels qui par hasard me liront n'auront pas de termes assez méprisants pour qualifier ma mentalité. — La Littérature, l'Art, considérés comme un moyen de manger tous les jours?... Quelle profanation!!!

Je leur répondrai que si un jeune homme a le droit, souvent, de sacrifier tout à son Idéal, nous, femmes, nous ne le pouvons pas, — sauf les rares cas où l'absence de tout devoir familial et une absolue indépendance, nous permettraient d'accepter même la « vie de bohème ».

La femme qui prend la plume simplement parce qu'elle se sent plus d'aptitude pour cet outil que pour un autre, ne se fera aucune illusion. La profession est exquise; on lui doit des instants délicieux : — ceux du travail; elle procure des relations de choix; elle n'exige aucun effort, à heure fixe ni au dehors; elle peut être exercée en grande partie tranquillement, silencieusement, chez soi, même aux heures les plus tristes; l'âge n'est pas pour elle une douloureuse limite, puisque tant qu'on a le cerveau net, on peut encore penser — et dicter, si la main et les yeux vous trahissent....

L'envers de ces faces séduisantes est beaucoup moins attrayant. Il le faut connaître sans se dissimuler ni s'exagérer les inconvénients d'un métier... que j'aime, et dont je ne veux nullement par conséquent dégoûter les autres.

C'est parce que je l'aime que je vais, sans redouter le léger ridicule, oser parler de moi. Je l'ose parce que je crois présenter un des meilleurs exemples de la femme de lettres professionnelle, sans aucune prétention, qui ne s'est jamais essoufflée à vouloir attraper le génie, la renommée, ni même les gros bénéfices.

J'ai fourni la carrière honorable, profitable, agréable que peut rêver la femme de foyer, n'ayant voulu sacrifier aucun de ses devoirs ni à la gloriole, ni à l'appât du lucre.

C'est bien dans ces conditions que mes Lectrices entendent devenir « bas bleus », n'est-ce pas?

Etant jeune fille, j'avais écrit par simple caprice pendant quelques mois, et avec une chance extraordinaire, sous un pseudonyme abandonné depuis et complètement oublié..

Mon mari, de son côté, à l'étranger, avait eu quelques succès littéraires.

Pour des raisons d'ordre privé, nous étions

restés depuis notre mariage, l'un et l'autre,
plusieurs années sans rien publier.

Lorsque le revers qui atteignit tant de personnes,
au moment du Krack, nous inspira le projet de re-
prendre la plume, j'en fus pour ma part ravie, car
je conservais un secret attachement à ce travail
littéraire que j'accomplissais avec autant de facilité que de plaisir.

Nous voyions tout en beau. Nous avions conscience d'avoir progressé dans l'inaction, par la
lecture, l'observation, l'expérience !... Notre déception fut anssi complète que possible.

Toutes les portes qui autrefois s'ouvraient si
allègrement, si aisément devant les « amateurs »
se verrouillaient devant les aspirants professionnels. Nous qui avions jadis « passé à la caisse »,
amusés et confus tout à la fois d'avoir « gagné de
l'argent », nous nous aperçûmes que peut-être il
nous allait falloir *payer* si nous voulions être
imprimés.

Aujourd'hui nous comprenons ce qui nous sem-
blait alors une si criante injustice. Nous allons
l'expliquer : — Le directeur d'un périodique, l'éditeur, est un commerçant qui, tout en aimant souvent la littérature, se voit obligé de ne pas oublier
ses frais généraux. Il faut qu'il fasse des recettes.
Or, lorsque des gens du monde lui apportent prose
ou vers (d'abord ces auteurs-là sont généralement
des abonnés et des amis de l'entreprise d'une
façon quelconque), ils « valent » quelque chose,
même si leur production est médiocre, parce

qu'elle fera toujours son petit effet de curiosité dans un cercle plus ou moins étendu. En outre, cette production intermittente ne tiendra jamais beaucoup de place. Au contraire, quand un « gen-delettre » arrive avec l'intention de fournir une copie régulière, de concurrencer les confrères, ceux-ci serrent les rangs, et les choses changent d'aspect.

— « Vous ne nous êtes d'aucune utilité », disent implicitement les chefs d'entreprises littéraires. — Nous sommes submergés par les manuscrits. Les vôtres n'étant supérieurs en rien à la bonne moyenne, leur sont, par définition, inférieurs. Il n'y a aucune raison pour que nous vous fassions partager le gâteau après lequel nous sommes tant à grignoter en nous bousculant. Repassez quand vous serez devenu original ou illustre. »

Le moyen se dégager sa personnalité ou d'ac-quérir la célébrité, si l'on ne prend pas contact avec le public?

Voilà le problème. — Et je vous assure qu'il approche en difficulté celui de la quadrature du cercle.

— Vous?... Comment avez-vous fait?

Telle est la question qui vient à l'esprit et qu'on va me poser naturellement.

Puisque nous sommes entrés dans la voie des aveux, je vous confierai sans honte, et pour le bien de la vérité, que nous avons eu la chance de pouvoir rendre un service financier à un grand

journal ; et que la *commission* d'usage nous fut
décemment attribuée sous la forme de l'hospitalité accordée à quelques chroniques et à quelques
feuilletons. Si nous n'avions pas eu cette occasion,
Dieu seul sait comment nous aurions débuté !

Et aussi parce que nous étions dans des conditions qui nous permettaient de nous contenter
d'un salaire d'encouragement, nous avons persé-
véré pendant cinq ans sans gagner plus de cent
francs par mois en moyenne *et à deux !*...

C'est au cours de cette cinquième année que je
pris une part spéciale dans notre association littéraire, — une part exclusivement féminine, et la
seule dont il convient que je parle ici.

Je dois reconnaître que j'eus comme élément
de réussite : le mari, un appui toujours envié
par la célibataire, — appui... imposant, même
lorsqu'il laisse à la travailleuse la responsabilité de sa ligne de conduite. En outre, mes premiers efforts remontent à vingt-cinq ans, à une
époque où la production était beaucoup moindre
qu'aujourd'hui ; où la femme auteur, relativement
rare, intéressait, éveillait des sympathies ; et
qu'enfin mon rang social, des contingences diverses. m'aidèrent sensiblement.

Eh bien, malgré tout cela, j'eus besoin, pour
faire ma trouée, d'une ténacité dont certainement je
n'aurais pas fait preuve si je n'avais pas aimé mon
métier. Et il fallait que je l'aimasse beaucoup pour
me plier à ses exigences, dès qu'au lieu de l'exercer

en artiste, il fallut me résoudre à n'être qu'une humble plumitive !

Par ma propre expérience, complétée de celle que j'ai acquise en m'intéressant aux efforts de mes sœurs de lettres, je crois pouvoir affirmer l'exactitude de ce que je vais dire, en passant une rapide revue de toutes les branches littéraires auxquelles il est possible de s'accrocher.

Je glisse sur les ouvrages d'art, de science, d'histoire, qui tout en étant parfois remarquablement écrits, émanent d'esprits plus doctes que lettrés. Ils sont généralement œuvres de spécialistes dont ils appuient la carrière sans être le gagne-pain.

La Poésie est de rapport absolument nul. A peine si quelques poètes très arrivés vendent une ou deux éditions de leurs livres et voient accueillir de temps en temps quelques-uns de leurs vers dans des périodiques sérieux.

Les grands poèmes sont implaçables.

Comme la rémunération se compte couramment « à la ligne », en inédit ou reproduction, on peut dire qu'elle est... improductive.

Le Roman est un peu moins mauvais... mais si peu ! Le talent court les rues. Les journaux qui paient sont peu nombreux et encombrés. Le livre s'édite très difficilement. Voici pourquoi :

Le public ne lit plus guère que le journal et le magazine, ou alors le volume « dont on parle »... Comme on ne parle jamais d'un roman s'il n'est scandaleux ou servi par des circonstances imprévues, il passe donc à peu près inaperçu.

La réclame, elle-même, ne force plus la vente ; elle est usée. La notoriété d'un auteur, si elle n'existe pas déjà — faite par sa situation sociale, — ne se construit qu'à coups de production répétée, régulière et de relations conquises jour par jour. On estime à dix années en moyenne la période nécessaire pour qu'un auteur arrive à ne plus *rien coûter* à celui qui l'édite ! Il en résulte que celui-ci, quel que soit son amour des lettres, ne pouvant pas oublier qu'il est commerçant et qu'il a des échéances, recule devant l'obligation de « nourrir » un nom nouveau comme on nourrit un quine à la loterie. Il sait aussi qu'un jeune talent est exposé à ne pas tenir toutes ses promesses ; que par caprice ou par accident, l'écrivain s'arrête parfois à mi-côte et fait perdre tout l'argent « mis sur lui » ; enfin que la cordialité des rapports peut s'altérer... Il en résulte que l'éditeur assume rarement la charge d'un début.

Je ne veux pas entrer dans le détail des déboires du « compte d'auteur », cela nous entraînerait trop loin.

Le seul roman lucratif est celui qui se publie au rez-de-chaussée des feuilles à gros tirage... Encore affirme-t-on qu'il serait à la veille d'une crise... ? Ce roman est aussi le plus difficile à

réussir, quoiqu'il encourt le mépris des lettrés.
L'imagination, le tour de main qu'il exige, sont le
privilège d'un très petit nombre dont la rareté
fait la valeur « marchande ». La reproduction des
éditions populaires, le Théâtre qui parfois trouve
une pièce dans le feuilleton, rapportent une petite
fortune par volume de 20.000 lignes, à celui qui
sait pincer cette corde.

Afin de donner une idée de la difficulté du
genre, je rappellerai que le *Petit Journal*, il y a
quelques années, organisa un concours avec — si
je me souviens bien — plus de cent mille francs
de prix en espèces. On espérait faire sortir de
l'ombre des talents nouveaux pour suppléer à la
disparition des anciens et contrebalancer un peu
les exigences des actuels. Les concurrents furent
innombrables. On mobilisa une armée de « lectrices » pour examiner les manuscrits. On avait
recruté ces dernières dans la classe où l'on n'est
pas absolument illettré, mais où l'on est encore
assez naïf pour préférer l'action à « l'écriture artiste ». Parmi d'incroyables insanités, on choisit
quelques œuvres, parce qu'il fallait bien attribuer
les sommes sous peine de paraître avoir *bluffé*.
L'auteur couronné en premier ne s'est cependant
affirmé depuis que d'une façon secondaire, puisque
son nom n'est même pas présent à ma mémoire.

La « nouvelle » se glisse timidement en bouche-
trou dans quelques journaux. Quand elle est bien
payée, c'est-à-dire de dix à vingt-cinq centimes la

ligne, elle peut rapporter de trente à soixante-quinze francs pour trois cents lignes, importance courante de ces sortes de contes. La reproduction par les soins de la Société des Gens de Lettres rapporte de... cinq centimes *pour la nouvelle entière* (le record !... à Buenos-Ayres), jusqu'à cinq centimes la ligne dans les journaux parisiens, soit moins de quinze francs lorsqu'on décompte la retenue statutaire. Les auteurs qui casent une nouvelle par mois sont très enviés. Si l'on considère encore que la copie à la machine est souvent obligée, et que les envois de « textes » composés en vue de la reproduction constituent des frais assez importants, on voit de quel mince rapport devient cette « littérature ! »

Le Théâtre présente le *summum* de la difficulté. Inutile d'y songer... tellement inutile que je ne prends même pas la peine d'expliquer pourquoi !

On sera surpris d'apprendre qu à Paris, en dépit de la célébrité assez grande de certains auteurs, il n'y en a peut-être pas dix parmi eux qui fassent recette *certaine;* avec lesquels un directeur soit au moins sûr de couvrir ses frais. Si l'on songe aux exigences du public d'aujourd'hui sous le rapport du luxe, on ne saurait donner tort à l'entrepreneur de spectacle qui ne tient pas à faire faillite.

Enfin, soit dit accessoirement que le Théâtre n'a jamais réussi à la Femme-Auteur. Ses insuccès y sont constants; ses succès se réduisent à un très petit nombre : *La joie fait peur*, par madame de Girardin ; et quelques pièces tirées des romans de George Sand. — Je me permettrai d'insinuer que le talent indiscutable de ces dames n'a peut-être pas été sans recevoir l'aide d'une collaboration masculine, très discrète, lorsqu'elles ont voulu aborder la scène? Elles étaient mieux que personne en situation de recevoir de précieux conseils généreusement donnés.

Malgré cela combien peu de chose est leur bagage théâtral à côté de celui des génies mâles qui ont fait l'Art tragique ou dramatique, non seulement en France mais à l'étranger.

Ne parlons donc plus du théâtre pour la Femme.

Reste le Journalisme.

Tout le monde se croit apte à rédiger la chroniqùe, l'article d'actualité, de critique ou d'humour.

Essayez!... Vous ne vous doutez pas des exigences du métier.

Ce métier doit tellement être étudié, qu'on a créé une École de Journalistes... Et chose curieuse ! elle n'a pas donné les résultats espérés. Elle a prouvé que le Journalisme s'apprend par la pratique, et ne s'enseigne pas.

Comme naturellement les bons journaux ne veulent pas se prêter au rôle de champ d'expériences, l'apprenti ne sait où s'exercer.

Cependant le Journalisme seul présente quelques ressources relativement promptes, et parfois

assez régulières. Mais que de peine à y conquérir
une toute petite place! — La collaboration acci-
dentelle de l'homme du jour et du mondain achève
de remplir les colonnes accaparées déjà par les
professionnels arrivés. Le reportage, l'informa-
tion, l'interview qui étaient du domaine de
l'homme, commencent à être partagés avec les
journalistes féminins... Par contre la Mode, la
Chronique élégante est concurrencée par de brillants chroniqueurs ou par des courtiers de publicité qui « font des affaires » et prennent un secré-
taire pour la rédaction.

Le journalisme actif exige une facilité de production extrême; du coup d'œil, de la mémoire,
de l'adresse, de l'activité, de l'aplomb, de la santé,
une certaine liberté d'action, le sens de ce qui
plaira au lecteur, et l'art de le lui présenter. — Un
docteur ès lettres ne sera pas souvent capable de
rédiger un « écho » insérable.

Quand une femme prend un « Courrier » avec
obligation d'apporter de la publicité, — et c'est
presque toujours la condition *sine qua non*, —
elle se voue à une ingrate besogne, absolument
cruelle et inutile si elle représente une publication
non pas même sans valeur, mais dépourvue de
puissance. — Naturellement les bons périodiques
ne veulent pour les servir que des expérimentées...
à la condition qu'elles ne soient cependant pas
encore de la trop vieille garde.

Conclusion : la femme qui veut écrire lucrativement ne peut compter pendant très longtemps, et quelquefois jamais ! que sur un salaire menu, irrégulier, aléatoire. Elle fera bien de cultiver plusieurs genres : la rédaction *utile*, industrielle ; la vulgarisation ; la littérature pour l'enfance et la jeunesse, spécialité très difficile, et d'un placement assez sûr ; le roman « que tout le monde peut lire ». — Avec de la persévérance on arrive à se faire une petite *carrière* assez semblable à celle de l'Enseignement, qui comporte certaines joies, une position sociale agréable, de petits honneurs : médailles, rubans, prix... — Enfin... les prudentes, qui ne négligeront pas les Associations de Presse, auront une petite retraite à soixante ans.

Quelques lectrices ne vont pas manquer de penser ceci :

— Madame l'Auteur, ainsi que la plupart des « anciens », a l'humeur morose. Elle éprouve une vague appréhension des « jeunes » qui sont destinées fatalement à la remplacer...

— Non, mes enfants... Parce qu'avant que l'une de vous, qui n'a pas encore débuté, me succède, je me serai retirée moi-même.

— Alors pourquoi nous détournez-vous d'un état qui nous plaît ?...

— Pas plus qu'à moi !!

— Nous savons bien que nombre de femmes se sont fait des positions superbes ! Vous ne le nierez pas ?... madame Unetelle gagne tout ce qu'elle veut avec ses livres... madame Tellautre dirige une revue considérable...

— O... u... i... — Il y a des exceptions; et il est bon qu'il y en ait à titre d'encouragement. Le petit pioupiou avait bien le bâton de maréchal dans sa giberne... On ne lui disait pas de compter combien de ses pareils étaient morts sans l'en avoir tiré. — Puisque nous sommes entre nous, et que je vous instruis maternellement, laissez-moi vous dire sans donner de détails trop explicites, trop transparents, que la presque totalité des « arrivées » loin et vite, ont eu des moyens de franchir les obstacles et les distances, que toutes ne possèdent pas.

D'abord il y en a qui étaient arrivées avant de partir, grâce à leur famille, à leurs relations, à leur situation dans le monde. D'autres ont eu des... chances, plus ou moins avouées, des causes de réussite à côté de leur travail et de leur talent. Sans parler de mauvaise conduite, il y a une certaine absence de rigueur dans les principes, qui suffit parfois.

Pour finir, un petit avis à celles qui s'attellent courageusement au labeur : .

Puisqu'il n'y a pas d'école où l'on puisse aller apprendre notre métier, il faut se former soi-même.

On commencera par composer n'importe quoi, avec simplicité, en cherchant à être *soi*. Au début on veut toujours trop bien faire. Et chez la femme, plus que chez le jeune débutant, on remarque une gêne. une prétention visibles. — C'est un tort. Quand on sait pertinemment que l'on n'a pas encore de talent, il est sage de ne pas écrire « pour la galerie » qui vous intimide, mais pour un « ami intime » qui est le Public. On doit s'abandonner, aimer son lecteur, ne pas craindre d'être « mauvais » car il vous pardonne toujours dès que vous êtes simple... confiant, modeste.

Ne torturez jamais votre imagination, ne cherchez pas à « faire de l'esprit » ; laissez votre cerveau produire ce qu'il doit produire... Un arbre cultivé donne des fruits supérieurs, mais pas d'autre espèce que la sienne. — Lisez beaucoup pour vous instruire; mais n'imitez personne. Faites court, très court, de façon à ne pas abuser de la patience des gens qui voudront bien vous lire ; — et aussi parce que plus les pages sont courtes, plus elles ont chance de se caser.

A côté des petites compositions, lancez-vous dans une grande machine : roman, pièce... N'importe !... — et ne montrez cela à personne. Ce sera doute détestable. Cependant, il est bon de s'y attaquer, parce que tout écrivain qui n'a pas en tête les éléments d'une œuvre large, et une surabondance de sujets. d'idées, s'essoufflera très vite, sera « vidé » en peu de temps. On doit prendre sa propre mesure en se lançant dans la carrière.

Ne détruisez pas ces productions informes. Elles serviront plus tard... De la nouvelle vous ferez une pièce ; d'un énorme roman vous tirerez un petit conte... Rappelons-nous que l'immortelle

Dame aux Camélias, roman puis comédie, est issue d'un gros mélodrame que Dumas fils ne fit jamais jouer.

Quant au Journalisme, il s'apprend au contact des confrères, à l'ombre parfois d'un « arrivé »... Je crois qu'on peut devenir un très bon écrivain, mais qu'on naît *journaliste,* — comme on naît rôtisseur. George Sand n'a jamais su rédiger un « fait divers. »

Donc, bon courage, jeunes filles et jeunes femmes qui pouvez ne demander à la plume que des joies et de modestes profits... — A mes débuts, les amis prudents me disaient : — « Vous n'arriverez pas »... — Les gens du métier m'ont prédit le contraire... Et j'ai toujours eu foi dans la réussite modeste, proportionnée à ma très modeste ambition.

LA DOCTORESSE

Je ne pourrai pas traiter toutes les professions avec l'assurance que je possède quand je parle de la mienne. Cependant mes informations prises à bonne source m'autorisent à penser que je puis être de bon conseil sur les terrains les plus variés. Je ne fais rien « de chic », et j'ignore la compilation. — Voyons donc ce qui m'a été dit de la Médecine.

C'est une profession admirable, mais qui exige des dons..., et de l'argent.

La première femme qui l'embrassa fut madame Madeleine Brès, en 1875. — Elle était déjà mariée lorsqu'elle passa son « bachot ». Madame le docteur Rosa Perrée était également mariée quand une maladie qu'elle fit, dont le secours d'une doctoresse étrangère la sauva, décidèrent sa vocation — et la gagnèrent à l'Homéopathie.

Par ces deux exemples, il est prouvé qu'on peut

se déterminer relativement tard à prendre la carrière médicale.

Le préjugé contre la femme docteur est aboli. Celle-ci s'est imposée par l'honorabilité de ses mœurs qui s'affirmé dès l'École. Si les études l'obligent à laisser de côté la pruderie et les pudeurs conventionnelles, son travail ardent, sérieux, commande le respect à ses condisciples et concurrents.

On remarque qu'aucun divorce ne se produit dans la corporation. — Aussi voit-on les familles admettre, et même annoncer avec un certain orgueil, que leur fille se prépare à exercer la Médecine.

Pourtant les parents auraient tort d'orienter leur choix vers cette carrière sans savoir si leur enfant en a la vocation.

Pour qui ne veut pas faire servir ses diplômes à des usages charlatanesques, la Médecine est un véritable sacerdoce. — Tout le monde sait qu'aujourd'hui il y a « plus de médecins que de malades ». Par conséquent la femme qui entre dans la lutte, plus faible, plus désarmée que l'homme, doit avoir aussi une foi plus grande dans la beauté de sa mission. Et cela *est*, heureusement, puisque le nombre des étudiantes s'accroît d'année en année et que les défections sont rares, — peu reculant devant les épreuves, les concours de l'Externat ou de l'Internat dans les hôpitaux.

3.

La jeune fille ne risquera rien en poursuivant ses études classiques jusqu'aux deux baccalauréats inclus, — et alors seulement on décidera s'il est sage qu'elle aille jusqu'au bout d'une carrière qui exige formellement, en outre des dispositions intellectuelles, des aptitudes physiques et des ressources financières.

Il serait souhaitable de rencontrer la bonté, la générosité, le courage à côté du goût de la science. Ces hautes qualités existent assez souvent parmi les médecins où l'on trouve de grands charmeurs. Leur seule venue réconforte le malade, lui rend l'espoir. Sa présence influence heureusement ; et la foi qu'il inspire aide à la guérison.

La femme semble généralement pourvue de cette grâce qui tient à sa nature. Cependant, tout en conservant de la sensibilité, il est nécessaire qu'elle possède aussi l'énergie, la décision qui font parfois les miracles ; et il faut que ses résolutions soient guidées par la prudence. Il ne lui est permis d'avoir ni nerfs ni dégoûts.

LA COUTURIÈRE

Ici encore l'opinion des femmes a été déterminée par leur amour de chiffon, par la facilité et le plaisir avec lesquels elles sont souvent capables de confectionner leurs propres toilettes et parfois celles de leurs proches.

Elles s'illusionnent et confondent cette besogne de dilettante avec la besogne professionnelle. Ce n'est pas du tout la même chose de se satisfaire soi-même, que de satisfaire des personnes affectionnées et indulgentes, ou de contenter la terrible cliente!

En disant qu'elles aimeraient être Couturières, ces dames et demoiselles ont-elles entendu tirer l'aiguille dans un atelier ou s'établir?

Le métier dans le premier cas est très dur. Dans le second il est fort dangereux.

Nous allons l'examiner sous ses deux faces, en ne parlant que de la « Couture », puisque les correspondantes n'ont envisagé aucune des autres utilisations de l'aiguille. Il s'agit bien du travail étiqueté : Robes et Manteaux.

D'abord où et comment apprend-on à coudre, à tailler, à essayer, à confectionner une toilette entière ?

On apprend :

Chez soi ;

Chez une couturière ;

Dans une école professionnelle.

Quand on sait travailler, comment tire-t-on profit de son savoir ?

Dans les ateliers ;

Chez soi.

Nous allons voir ce que vaut ce double programme.

On apprend chez soi, par routine, sous la vague direction d'une parente ou d'une ouvrière; on se perfectionne quand on a le goût de la chose, et l'on finit par devenir très adroite; c'est-à-dire qu'on « se réussit » mieux peut-être que ne le ferait une couturière; mais on serait incapable d'habiller des tailles variées, défectueuses; d'exécuter des formes nouvelles, compliquées, sinon après d'assez longs tâtonnements que ne supporterait pas la clientèle.

L'apprentissage chez une couturière, avec engagement, tend à se perdre. La fillette perdait son temps à faire des courses... On crée maintenant des Écoles de Couture, et l'on parle d'instituer un examen d'apprentissage. — On m'a cité les écoles de la ville, les écoles libres, catholiques, protestantes... Il y faut, paraît-il, quatre années de fréquentation.

Cependant on recherche encore l'apprentissage dans les grandes maisons, parce qu'il est plus sérieusement compris, et ensuite parce qu'on a un meilleur départ de carrière. — Là, on prend une enfant à partir de douze ans, ayant déjà des connaissances élémentaires. On lui donne tout de suite 0 fr. 50 par jour ; — puis 1 franc et 1 fr. 50.

Quand elle est devenue « petite main » elle rabat des coutures, pose des baleines, travaille sans initiative, sans élément pour son intelligence, sous les ordres d'une ouvrière. Elle touche alors 2 francs jusqu'à ce que par augmentations successives de 0 fr. 25 elle arrive à 3 fr. 50. Parvenue au rang d'ouvrière, elle montera de 4 à 6 francs.

Dans les grandes maisons, l'ouvrière ne tarde pas à se spécialiser, surtout lorsqu'elle cherche à faire partie de ce que l'on appelle : « le noyau », c'est-à-dire du groupe que l'on conserve en toutes saisons.

Elle devient jupière, corsagière, manchière, garnisseuse... et même cette dernière spécialité se subdivise encore : il y a les ouvrières vouées aux plissés, aux nœuds... très difficiles à réussir. Certaines ne font que les bas de corsage.

Les « secondes » dirigent une table, et gagnent dix francs par jour.

Les « premières » sont bien payées. Lorsqu'elles ont vraiment du talent, elles se font une renommée d'atelier. Les maisons concurrentes se les enlèvent, et l'étranger même vient surenchérir. — Notons à titre de curiosité que la française perd son goût, sa supériorité, quelques mois après qu'elle n'est plus imprégnée de l'atmosphère parisienne. Si elle prolonge trop son séjour hors de France et qu'elle y revienne ensuite, elle se replace difficilement.

Sauf les ouvrières supérieures, aucune ne gagne sa vie. Pour beaucoup, le salaire insuffisant aux besoins les plus modestes de la femme, ne permet qu'un budget de famine. M. d'Haussonville et une foule d'économistes que l'on ne soupçonnera pas de partialité envers le populaire, se sont émus profondément de cette condition immorale faite à la travailleuse de l'aiguille.

La rémunération du travail est surtout insuffisante en raison de la cherté de la nourriture et des périodes de chômage.

Certaines grandes maisons fournissent un réfectoire. Les ouvrières peuvent payer en commun une cuisinière. — Le système a du bon et du mauvais comme tous les systèmes. Il a surtout l'inconvénient de priver la femme de cette récréation qu'est pour elle la sortie du déjeuner. Quand il fait beau, la « midinette » prend un peu d'exercice, jouit d'une détente bien nécessaire surtout à la jeunesse.

On a créé des restaurants philanthropiques, et même des maisons philanthropiques où le logement est à très bas prix. — Mais la femme jeune a besoin de gaîté, a une inconscience pour laquelle il faut vraiment un peu d'indulgence. Elle éprouve la faiblesse de préférer à un repas hygiénique et sain, à une chambrette claire et propre, le fruit vert, la charcuterie grignotés en plein air, le logis insalubre, mais sa liberté, enfin!... sa pauvre liberté dont elle finit si souvent par être la victime. — Ne dites pas qu'alors « elle n'est plus intéressante... » Elle l'est toujours; parce que la femme ne vit pas seulement de pain... Un éclat de rire relève son courage... L'éternelle prévoyance, la sagesse sont le fait de l'âge mûr. Ayez pitié des fautes de la vingtième année.

Le chômage est terrible. — Les ouvrières qui ne font pas partie du « noyau » ne sont jamais sûres du lendemain. Elles ne travaillent que par intermittences.

Dans les moments de presse, de petites affiches manuscrites, collées à la porte de la maison, font savoir qu'on demande une ou des corsagières, jupières, garnisseuses, petites mains, ou tout autre genre d'ouvrières. — On essaie celles qui se présentent, et on les garde à la journée si elles sont capables.

Les voilà de neuf heures du matin à huit heures du soir à la besogne, quelquefois jusqu'à neuf heures, quand l'ouvrage est abondant. Une heure pour déjeuner ; un quart d'heure pour goûter ; — c'est tout.

Les ouvrières intermédiaires changent d'atelier à chaque instant. — Les ouvrières supplémentaires n'appartiennent jamais à aucun. Avant de recourir à elles, les patrons préfèrent payer les heures de supplément à leur personnel qui ne demande pas mieux que d'accepter. — Alors c'est le surmenage pour les unes, et le manque de travail pour les autres. — Malgré la loi, les ouvrières, terrorisées par la perspective du chômage, se font complices de la fraude, et contribuent de bon gré à tromper les inspectrices.

Un aimable accueil, un petit cadeau ont facilement raison de celles parmi ces dernières qui seraient incorruptibles devant une offre brutale, mais qui se laissent aisément aveugler quand tout le monde s'accorde à ne pas leur permettre de voir clair.

La grande coupable est la cliente qui exige des tours de force, lorsqu'elle est prête à les payer. Je me souviens d'un certain domino qui fut commandé à sept heures du soir et livré à minuit. Le fournisseur savait que la facture ne serait pas discutée.

J'aime à croire que mieux instruite, la femme ne voudra plus, dans un temps prochain, traiter en esclave sa sœur l'ouvrière. Les lois ne feront rien, tant que ceux qui ont mission de former sa conscience et son cœur, n'apporteront pas eux-mêmes leur conscience et leur cœur à former les siens.

J'ai malheureusement à regretter l'ignorance de
ces devoirs d'humanité chez les femmes de haut
rang, et soi-disant bien élevées.

La mesquinerie des salaires ne permettant pas
à la femme d'atelier de faire des réserves pour les
mortes saisons, quand arrivent celles-ci, elle s'estime heureuse d'accepter du travail des Entrepreneuses qui fournissent le gros et font l'article de
« série » pour les grands magasin ou l'exportation.

Ces Entrepreneuses gagnent si peu elles-
mêmes, qu'elles sont forcées de pressurer absolument l'infortunée ouvrière, de se montrer féroces à
la moindre faute, pour la moindre imperfection.
Il y en a parmi elles qui renoncent à ce métier de
négrier, n'ayant pas le courage de l'exercer avec
la dureté voulue.

De la moralité et des mœurs, personne ne s'occupe... La « Première » est en somme la maîtresse
de l'atelier. Si elle est comme il faut, la bonne
tenue, sinon la bonne conduite, est imposée. —
Quand elle ne l'est pas — et on ne lui demande pas
de l'être, pourvu qu'elle ait des capacités! — la
ruche ne tarde pas à montrer un état d'esprit déplorable. Tout conspire à corrompre celle qui en
fait partie : fâcheux propos, mauvais conseils, per-
nicieux exemples. — Les unes sont troublées par
la vue des élégances qui humilient leur pauvreté ;
les autres succombent au besoin d'argent. — Tous

les galants, sachant l'état de perpétuelle tentation
dans lequel vit la Midinette, rôdent à l'entour
de celle-ci, s'adressent à ses sens, à ses rêves, à ses
besoins... Parfois, un petit cœur sentimental pal-
pite en écoutant parler d'amour sincère... Hélas !
il arrive que le Faust de cette Marguerite est le
vulgaire délégué d'une maison rivale qui, en la
courtisant, n'a voulu que surprendre, par ses confidences, le secret de son atelier : assurer à ses patrons que le célèbre Chose va employer la rayure,
alors que l'illustre Machin a l'intention de lancer
le carreau !...

Voilà ce qu'est le travail de couture chez les
autres.

Voyons maintenant ce qu'est la couture chez
soi :

La petite couturière est certainement la plus
heureuse.

Quand elle a le moindre goût, la plus mince
habileté à se maintenir dans le mouvement, à
suivre la mode, elle a toujours du travail plus
qu'elle n'en peut faire. — Les prix modiques
tentent même les belles dames qui lui font copier
les modèles des grands fournisseurs. Elles la paient
peu et ne la recommandent à personne, de peur
qu'elle élève ses prétentions. Mais elle se recommande toute seule et ne tarde pas à voir augmenter le nombre de ses pratiques.

Il faut un très petit roulement de fonds pour tra-

vailler dans ces conditions-là. On va « essayer »,
par conséquent on n'a pas besoin d'un logis qui
« représente » ; — on a une apprentie quelquefois ;
— rarement une « petite main ». C'est la tranquillité pour la femme sans ambition.

Dès que cette femme n'est plus la « petite couturière » et prétend être « la Couturière », il lui faut
plus d'argent. D'abord elle doit être installée convenablement; puis elle prend quelques ouvrières...
Enfin, elle est condamnée à faire un peu d'avances,
car l'usage déplorable est que la majeure partie
des femmes commandent des toilettes avant
de penser à les payer. C'est tellement dans les
mœurs que le fournisseur qui ose envoyer son
relevé est presque invariablement quitté. — Je ne
dirai point combien je juge cela blamâble et né-
faste. Je constate, et je passe.

On se demande pourquoi la Grande Couturière
ne vit pas de ses rentes, tant il lui faut de capitaux
pour suffire au crédit énorme qui lui est demandé
et payer son installation selon le luxe moderne... !
Si elle ne vit pas de ses revenus, c'est uniquement
parce qu'elle n'a en général aucun capital. C'est
une commandite, c'est une association qui permet
à ses capacités l'entreprise qui « sautera » ou l'en-
richira. Certains commerces ressemblent beaucoup
au jeu. — Il y a des « raison sociales » parisiennes
qui vivent pendant des années sur le bord de la
faillite, et même en état de faillite inavouée à leur
clientèle. Les miracles ne s'expliquent pas.

La femme atteinte par un revers de fortune qui pense à « s'établir » devra bien se persuader que la maison de Couture exige plutôt un administrateur qu'une couturière. Le gaspillage de la manutention à lui seul suffirait pour dévorer tous les bénéfices. — C'est pourquoi l'homme de goût et d'audace qui prend une bonne « Première » réussit mieux, lui qui n'a jamais touché une aiguille ni une paire de ciseaux, qu'une ouvrière ayant tout le talent possible, mais une compétence commerciale insuffisante. — C'est pourquoi on a vu aussi des artistes, dessinateurs admirables de robes et costumes, tenter la chance du Couturier, s'établir et se ruiner dans le plus bref délai, en dépit de leur goût, de leurs relations, de leur renommée. Ils n'étaient pas administrateurs.

La femme adroite, ayant des revers de fortune, s'en tiendra donc, soit à la petite couture chez elle, soit à la création du « modèle » pour les maisons de gros ou d'exportation ; mais elle se gardera bien d'acheter un fonds ou de tomber dans le piège de « l'association ». — Si quelqu'un a besoin de son argent, c'est que vraisemblablement ce quelqu'un n'a pas su en gagner. Et alors son inexpérience, à elle, prolongerait la lutte de l'associé sans éviter le désastre.

Afin de ne pas négliger le côté hygiénique qui m'est cher, rappelons que l'aiguille ne convient pas à tout le monde. Le travail sédentaire, l'actionnement, presque obligatoire aujourd'hui, de la

machine, nuisent à beaucoup de santés. — De plus,
la besogne souvent monotone n'occupe, n'absorbe
pas assez les rêveuses, les imaginatives.

Mon opinion est que dans les familles où la fillette ne semble pas destinée à gagner sa vie, mais
où on la prépare éventuellement à cette obligation,
on aurait bonne idée en la perfectionnant, surtout
dans la Coupe. On trouvera toujours des couseuses,
que la mécanique tend à remplacer de plus en
plus d'ailleurs, et l'on aura souvent besoin au contraire de la main intelligente pour la préparation
du travail.

En douze leçons et pour 200 francs environ, on
a l'enseignement élémentaire complet de la coupe,
l'essayage, le modelage, etc., etc... — Il semble
qu'en province, une « coupeuse » qui irait en ville,
tailler, donner son avis, se créerait une petite
industrie spéciale et facile.

Elle vendrait le patron, ferait l'abonnement aux
journaux de modes, deviendrait professeur à son
tour...

Egalement, celle qui possède une machine,
pique pour les femmes qui, sachant tailler et préparer, n'ont ni le temps ni l'envie de tirer l'aiguille
toute une journée.

Afin de ne rien omettre, disons que l'ouvrière du
Manteau a un salaire meilleur que celui de la
Robe. Elle a moins de chômage, car elle travaille
durant les mortes-saisons pour l'exportation qui

se prépare d'avance. — On remarque aussi qu'elle est en général mariée et plus sérieuse que celle du Costume; — et qu'elle prolonge davantage sa carrière.

L'ouvrière de la Fourrure se rattache à celles du Manteau.

Il y a un apprentissage spécial qui dure deux ou trois ans. Dans les bonnes maisons on paie tout de suite l'apprentie qu'on prend au sortir de l'école. Elle sera rétribuée souvent à la semaine. Elle n'est pas nourrie.

Les fortes maisons lui évitent le chômage; seulement son « bâton de maréchal » est moins doré que celui de la Couturière. — Elle ne dépasse pas le rang de « contremaîtresse », car le chef d'atelier est toujours un homme.

Il faut une bonne vue et une certaine agilité des doigts pour exécuter les fines coutures dans les Peaux... A part cela le métier n'exige pas d'aptitudes spéciales. On coud presque tout à la machine, et les perfectionnements de l'outillage en grand adoucissent considérablement les fatigues autrefois si redoutées pour l'organisme féminin.

LA FEMME PEINTRE

— Si je devais recommencer ma vie, je me
ferais n'importe quoi... — institutrice ou vétérinaire ! — pour assurer mon pain quotidien et ne
demander à mon pinceau que la jouissance artistique.

Voilà ce que disait récemment une femme peintre
de réel talent, ayant connu à plusieurs reprises
les succès officiels, et pour qui néanmoins la vie
est loin d'être facile.

Son cas n'est pas isolé. La Peinture ne saurait
être regardée comme un métier ; on ne peut compter sur elle pour vivre. C'est le culte d'une forme
de la Beauté — un culte onéreux. Dès le jour où
l'on s'y consacre, il coûte (même lorsqu'on a profité de l'enseignement gratuit), la dépense des
toiles, des couleurs, des accessoires de toutes
sortes, des modèles... — en attendant que la
moindre tentative pour se faire connaître, la plus

modeste exposition, impose les frais de participa-
tion, de cadre, de transport, etc., etc.

Il est devenu très difficile de *vendre*, parce
qu'aujourd'hui le monsieur qui achète un tableau
pour l'unique raison qu'il lui plaît, est devenu, lui,
aussi rare que l'oiseau bleu. Le client est un spéculateur, toujours! — même lorsqu'il s'étiquette :
collectionneur. Il achète pour revendre, car il
revendra, tout au moins pour acheter encore des
œuvres qu'il convoite, pour renouveler sa galerie.
Il veut donc uniquement des toiles susceptibles de
voir augmenter leur valeur.

Il y a aussi le monsieur qui, se sachant incapable
d'épargner, place ses économies dans les objets
d'art, sûr qu'il est de se mettre de la sorte un morceau de pain sur la planche, pour lui ou pour ses
héritiers. — Celui-là achète dans un esprit de spéculation d'autant plus déterminé, qu'il prétend
faire fructifier son capital ainsi engagé, et pouvoir
« se liquider » avec fruit le jour où il voudra réaliser.

Quelles œuvres achètent donc alors les pre-
tendus Mécènes, ou les Marchands ?

Ils portent leurs achats sur les tableaux déjà
connus, des maîtres classés, et rarement, très rarement sur un artiste encore inconnu qui leur inspire confiance. Ils font en cela un peu comme l'é-
diteur dont je parlais à propos des gens de lettres :
ils « nourrissent » un *nom* qui devra leur rapporter gros plus tard.

Quand je dis : « ils nourrissent », c'est dans le

sens de « nourrir un numéro à la roulette » ; car le pauvre peintre, s'il est suffisamment alimenté pour trouver la force de produire, n'est certainement pas engraissé ! — Le marchand qui lui paie maigrement ses toiles, prépare lentement, obscurément la renommée future de l'artiste, mais en s'arrangeant pour qu'elle ne s'affirme pas trop tôt, et ne vienne pas fournir à l' « inconnu » actuel la possibilité d'échapper aux griffes du commerçant. Celui-ci accumule les toiles, manœuvre, selon sa méthode particulière, dans le monde des amateurs ; agit au moment voulu par une campagne de presse et des coups de tamtam... — Très souvent l'heure fatidique du succès est celle qui entend sonner aussi le glas du peintre, sur la tombe duquel le spéculateur moissonne.

Bien peu nombreux sont ceux qui ont pu « arriver » par eux-mêmes ! et ils seront de plus en plus rares, en notre époque de mercantilisme à outrance.

Eh bien, cette chance d'être au moins célèbre dans la postérité, elle est encore moins fréquente pour la femme que pour l'homme. Voyez parmi nos contemporains ! Pour cent Manet, Constantin, Ghys, Cézanne, Gaughin, il y a *une* Berthe Morisot. Et encore ne suis-je pas sûre que ce nom dise grand chose à la majorité de nos lecteurs ?

L'Etude de la Peinture sera donc réservée aux filles d'artistes qui savent d'avance ce qui les attend, et qui ont aussi des relations, des sympathies capables de les aider un peu.

Les filles de la Bourgeoisie, possédant les moyens de vivre longtemps sans rien gagner, pourront suivre un penchant qui leur permettrait, en cas de revers, de trouver une ressource dans l'art industriel.

Nous nous en occuperons plus loin, à propos des Arts décoratifs. Ici, nous restons sur le terrain de la grande Peinture.

Aux Beaux-Arts, l'enseignement est gratuit. Mais l'entrée de l'Ecole est fort difficile. Il faut être classé dans les sept premiers du Concours, me dit-on. — Cela conduit au Prix de Rome dont les femmes ne sont plus exclues.

On étudie aussi la Peinture dans les ateliers privés, dans des « Académies » où les cours se paient au moins cent francs par mois. — On m'assure que par une incompréhensible injustice, le prix de ces cours est plus élevé pour les femmes que pour les hommes.

Nous savons que les Bourses de Voyages, les Médailles, les récompenses de toutes sortes, y compris la Légion d'Honneur, sont permises aujourd'hui aux aspirations féminines.. Combien glissent le long du mât de Cocagne !... Combien n'en décrochent la timbale que par d'insoupçonnées tricheries !

La peinture, envisagée comme gagne-pain, devra se faire utilitaire. — Là encore l'homme triomphe de la femme. A lui le décor des immeubles. La grande industrie lui ouvre souvent des palais plus somptueux que ceux des nobles.

Cependant au moment où ce livre va paraître, une femme a entrepris la décoration murale. Mais elle est la première.

Quand l'artiste est surtout « coloriste », elle ne sait pas faire « petit » ; et comme seule la toile de chevalet se vend un peu, quand elle est incapable de s'amenuiser, il faut qu'elle renonce à cette ressource, — et à l'illustration, également.

Remarquons l'absence des femmes caricaturistes.

Le Portrait a pour antagoniste la photographie de plus en plus perfectionnée, et si « pratique » en raison de la presque totale suppression de la pose.

La Photographie des Couleurs se dresse aussi devant l'artiste, en nouvelle ennemie.

Celles qui dessinent et peuvent travailler pour les journaux de modes, les catalogues des grands bazars, trouvent des ressources assez rémunératrices. Mais là encore, la concurrence est formidable, et tout le monde ne se plie pas à ce métier.

Reste le Professorat : les cours, les leçons. C'est question de notoriété, de milieu, de relations.

Puis enfin les petits travaux genre « article de

Paris », choses de fantaisie, d'engouement ; — les éventails, les écrans... Tout cela est du domaine des Arts Décoratifs. Tout cela réussit à celles qui ont un peu de chance... — à elles seulement, nous le verrons plus loin.

Voici, en finissant, le conseil que me donnait récemment, au bénéfice de nos lectrices, une artiste professeur : commencer par laisser la jeune fille faire presque par elle-même tout ce qui lui vient au bout du crayon ou du pinceau, — sans la gêner, sans la guider, de façon qu'elle montre son vrai tempérament.

Lorsqu'on connaît celui-ci, il est temps de le discipliner par des maîtres, classiques, « pompiers » tant qu'on voudra, mais qui vous apprennent le métier, et sans l'appui desquels ensuite les récompenses, les moyens de se faire connaître du public seraient inaccessibles.

Je répète que quand il faut *gagner son pain*, il est impossible de se rendre indépendant.

Aujourd'hui la fureur du déplacement, de l'auto, de la vie active font le plus grand tort aux Arts.

On n'obtient plus qu'une élève suive assidûment un cours. Elle est sollicité par mille sujets de dissipations, et a toutes les excuses pour interrompre ses leçons.

Il faut donc, pour se faire un « atelier » prospère, suivre la voie officielle.

Quand on tient sa situation, alors !... alors peut-être on commence à travailler pour soi, — si l'on n'a pas peur, en se révélant trop personnelle, de compromettre cette situation acquise.

Voilà sur quoi il ne saurait y avoir d'erreur, et ce qu'il était de mon devoir d'affirmer.

Avant de terminer ce paragraphe spécial, j'insiste sur la nécessité du dessin, qui est « la probité de l'Art », selon un mot d'Ingres, si je ne me trompe. — On se satisfait trop facilement soi-même par le « chic » ou la couleur, et l'on oublie que sans cette base solide du Dessin, on n'est jamais d'une habilité suffisante pour travailler vite et bien en cas de besoin.

Dans la Miniature, par exemple, qui trouve ses débouchés à l'étranger, il faut produire rapidement les copies des maîtres, demandées par l'Industrie. C'est la maîtrise de la main qui seule procure cette supériorité lucrative.

Les artistes s'effrayeront peut-être de m'entendre si souvent répéter les conseils d'intérêt pratique. Ils voudront bien se rappeler, que la plupart du temps la Femme ne néglige sa famille et son foyer que quand le devoir s'en impose par la nécessité de procurer des ressources au ménage. — Par conséquent son but sera très loyalement avoué, sans honte ni sans morgue : trouver la juste rétribution de son effort.

Le Dessin, sur lequel j'appuie de nouveau, est nécessaire, même quand on a l'intention de le laisser de côté, — apparemment, — pour une application industrielle.

Ainsi, les figurines de mode sont conçues en dehors de toutes proportions naturelles. Vous ne ferez pas accepter à une couturière ou à une publication spéciale, une bonne femme qui n'a pas un buste invraisemblable et des jambes trop longues... Faites donc la concession exigée par celui qui paie, mais faites-la *voulue*, et non ignorante. — Peu à peu les yeux du public s'habitueront à la beauté du vrai, si les artistes les y ramènent insensiblement.

LA BRODEUSE

Classons sous cette étiquette toutes les femmes
qui pratiquent les travaux dits : *de Dames*, quel
que soit le genre de ceux-ci : tapisserie, filet, crochet, tricot, frivolité etc., etc... Tout cela est simi-
laire comme résultat.

Beaucoup de personnes qui sont adroites, qui
ont obtenu des succès de concours, d'exposition,
s'imaginent posséder un gagne pain occasionnel.

Enlevons-leur cette illusion... — ou du moins
disons-leur jusqu'à quel point leur petit talent de
société, si joli petit talent qu'il paraisse, pourra
leur servir.

D'abord, c'est une erreur de croire que le très
beau travail soit d'un placement plus sûr et plus
rémunérateur que le travail vulgaire. Le très beau
travail confine à l'Art, — et nous savons que l'Art
n'est guère productif. Nous allons voir, pourtant,
dans quelle mesure il peut être utilisé.

Toute femme qu'atteint le revers et qui se sait habile, pense « qu'à ses moments perdus » elle fera des objets de goût et de patience, qui viendront augmenter ses ressources.

Le seul point sur lequel elle ne se trompe pas, c'est sur l'avantage très appréciable de n'être pas forcée de quitter son foyer. — Mais s'il est bon de produire, il faut que ce soit pour vendre. — Or, à qui vend-on?

Les amis et connaissances sont bien vite las de vous aider. — Les Associations, les OEuvres ne procurent qu'un secours temporaire, souvent illusoire. Elles ne sauraient entretenir une travailleuse. En s'adressant à elles, on ne doit compter que sur un appui sans lendemain, et ne pas perdre un temps précieux en des espérances qui nuisent aux efforts vers un but plus positif.

L'Ouvrière, — je prends le terme dans son acception noble, lorsqu'il signifie : celle qui *fait œuvre* de ses doigts, de son intelligence, de son imagination créatrice, — l'ouvrière isolée ne peut rien. Elle a besoin des intermédiaires. Et il faudra qu'en travaillant pour eux, elle s'attelle du matin au soir a une besogne faiblement rémunérée, souvent très fatigante pour la vue, exigeant une habileté et une exactitude irréprochables.

Quels sont les intermédiaires?

D'autres vendeurs : ceux qui ont en main l'acheteur au détail, que l'on attire dans un magasin à la mode ; ou celui de l'exportation. Il faut les aller trouver.

Les maisons de luxe possèdent une clientèle riche, exigeante, ne voulant que du nouveau, de l'inédit, — qu'il s'agisse de travaux tout faits ou de travaux échantillonnés que les mondaines veulent achever. — A ces maisons relativement rares, on présente des « modèles »... Le plus souvent elles les acceptent seulement en dépôt. Si ce que l'on a fait, plaît, réussit, elles donnent des commandes. Il arrive qu'on a une « idée », et que pendant une saison il soit aisé d'en tirer parti. Mais la fantaisie est changeante. Rapidement la mode se lasse. Puis on s'aperçoit bien vite de l'inutilité du talent s'il ne se double pas de connaissances pratiques. Sans doute, les négociants recherchent les ouvrières qui ayant étudié le Dessin, le Coloris, l'Histoire de l'Art, sont douées aussi d'une pensée inventive, ingénieuse... Mais ils leur demandent moins de créer des chefs-d'œuvre que des articles « de vente. » Si le public ne veut pas d'une conception, parce qu'elle revient à un prix trop élevé, parce qu'elle n'est pas facilement utilisable, ou tout simplement parce qu'elle n'arrive pas à son heure, elle sera refusée par le commerçant, si admirable qu'elle apparaisse aux yeux des connaisseurs.

Lorsqu'une de ces ouvrières-artistes réussit à satisfaire un chef de maison, elle s'assure à peu près un gain modeste mais régulier, satisfaisant. En garantissant l'exclusivité de son talent à celui qui l'emploie, elle se place dans une situation assez semblable à celle de l'auteur en face de l'éditeur : elle est traitée en collaboratrice, en

associée intéressée au succès de ses travaux. Elle
se fait aider par des exécutantes adroites, mais
dépourvues de facultés créatrices. Celles-ci gagnent environ 4 francs par jour sans chômage.
Elles opèrent par groupes, se connaissant entre
elles, travaillant pour la personne qui les occupe,
mais chacune chez soi, sans former un atelier.

Arrivent ensuite les maisons de gros qui font
la commission, l'exportation, et fournissent les
maisons secondaires. Elles veulent l'article courant, ce qui est demandé ; — la « nouveauté »
mais déjà tombée dans la reproduction.

Ici encore, la femme de moyenne capacité qui a
la chance de travailler pour ce genre de clients, se
constitue un salaire à peu près régulier. Il est
difficile de l'évaluer, car il dépend de la vivacité
avec laquelle la travailleuse, presque toujours
« aux pièces », abat la besogne.

Quelquefois elle est entrepreneuse, — ou au
contraire elle travaille pour des entrepreneuses ; et
alors elle gagne encore moins. — L'entrepreneuse
reçoit du négociant les fournitures qu'elle rapporte
transformées en objets commandés. Elle utilise
les talents médiocres à ces besognes médiocres.
Souvent elle s'adresse aux campagnardes pour
les ouvrages de crochet, de tricot, de filet, de
dentelle ordinaire. Bien que cette concurrence
avilisse les prix, il faut l'encourager puisqu'elle
aide la Famille paysanne.

La machine à tricoter doit être mentionnée. On l'achète, même à crédit, environ 150 francs. En huit jours, on en connaît le mécanisme.

Les petits bas d'enfants, les « chandails » et mille objets usuels sont ainsi fabriqués en chambre. Mais avant que ce travail devienne rémunérateur, il faut compter avec l'achat de la machine ; l'apprentissage et les matériaux gâchés en essais maladroits ; plus la période plus ou moins longue de savoir encore malhabile, ne permettant qu'une production lente.

Parfois, dans un intérieur, plusieurs personnes, même des hommes, se succédant à la même mécanique, peuvent produire quatorze heures par jour de travail et gagner de 2 francs à 2 fr. 50, pourvu qu'elles aillent vite, et que le métier soit alimenté de commandes régulières par une entreprise.

Pour obtenir ces commandes, on présente des modèles (sans qu'il soit besoin de recommandation, car les « offres de service » quelles qu'elles soient sont toujours reçues à certaines heures, dans toutes les maisons et administrations). On se procure les adresses par le Bottin. En général les maisons de gros sont dans le quartier du Sentier. Une douzaine de bas d'enfants est payée 2 fr. 75 à 3 francs. On peut les fournir en une journée.

Les magasins de travaux de dames exigent que leurs vendeuses sachent démontrer un ouvrage, donner une leçon, exécuter un échantillon, terminer une chose pressée. Ces brodeuses entrent dans la catégorie des employées avec connaissance spéciale. Nous verrons leur traitement au chapitre du « Commerce » (1).

Quant aux brodeuses professionnelles spéciales, celles qui travaillent pour le costume, qui brodent en or ou en argent les uniformes, les vêtements sacerdotaux, elles vont souvent en atelier.

(1) La Dactylographe, qui dans la consultation a obtenu un nombre de voix qui la classait entre la Brodeuse et l'Actrice, sera étudiée au chapitre du Commerce.

LA FEMME DE THÉATRE

N'employons pas le vilain mot dont s'étaient servies les participantes au plébiscite. *Actrice* ne se
dit plus. Le terme a quelque chose de méprisant.
Le bourgeois dédaigneux traite ainsi la femme
peu estimable, que les gens d'un autre milieu qua-
lifient de « théâtreuse ». Aujourd'hui, même
l'acrobate, même celle qui parcourt la France en
roulotte, est une « artiste ».

Nous voyons trois divisions très tranchées dans
ce monde du théâtre. Le « genre noble », seul,
peut être envisagé comme une profession de
choix, comme une carrière avouable. Il comporte
la cantatrice et la grande comédienne, tragédienne
au besoin. La « chanteuse *étoile* » de l'opérette —
peut à la rigueur entrer dans ce classement, car
elle se recrute souvent parmi celles qui, ayant de
la voix et du savoir, ont délaissé le répertoire
lyrique pour gagner davantage , — oui, mademoi-

selle... — en roucoulant des flonflons, du reste
beaucoup moins fatigants pour l'organe que la
musique de Wagner. La troisième catégorie comprend l'artiste à tout faire... Chacune fait ce
qu'elle peut.

La profession, envisagée de la salle, est un
éblouissement, quand elle a pour prêtresses de
réelles artistes. Elle apparaît tout au moins séduisante, lorsque ce sont d'aimables femmes qui
l'exercent, qu'on voit toujours souriantes, et à qui
l'intérêt commande de paraître ravies, choyées,
adorées... et bien payées.

Je suis même étonnée que dans le plébiscite qui
a fourni une sorte de classement à nos causeries,
l'artiste de la scène ne soit venue qu'en septième
rang. Il semble extraordinaire que seul, un nombre
relativement restreint de lectrices, se soit laissé
tenter par les apparences de bonheur d'un état
dont on ne voit que le succès, la vie d'illusions, de
rêve, d'émotions ardentes, dans une constante
incarnation de la Beauté.

Comme heureusement la femme moderne est
moins naïve que ses aïeules, elle sait plus couramment que l'envers des existences artistiques
est terni de luttes, de déboires, de cruels men-
songes.

Enfin, beaucoup de jeunes filles, de jeunes
épouses n'auront pas osé avouer leur goût secret
pour un lieu de *perdition!!* Les autres se sont
prononcées vraisemblablement en croyant au

« préjugé », et en se persuadant qu'on peut
« rester honnête » sur les planches et partout,
« quand on le veut ».

Eh bien non... Ce n'est pas un préjugé, c'est
une réalité, cette réputation faite au Théâtre! On
peut affirmer que l'artiste n'a pas une chance sur
dix mille de conserver l'intégrité de ses principes, et la liberté de leur obéir.

Il faut le prouver aux aspirantes vestales des
temples de l'Art; et commencer par leur révéler
que, d'ailleurs, l'Art n'a rien de commun avec
une exploitation théâtrale. Tous les directeurs qui
ont voulu « faire de l'Art » se sont ruinés. Toutes
les artistes assez arrivées, assez posées pour
tenter une manifestation de haute portée artistique, ont risqué de payer plutôt cher ce noble
luxe qu'elles prétendaient s'offrir.

Derrière les décors, on fait un métier. La direction fait du commerce. La recette importe seule
et il le faut bien!... Irving l'a proclamé lui-même :
« Pour qu'une entreprise d'art pur réussisse, il est
indispensable qu'elle soit assurée *d'avance* du
succès financier »; ce qui veut dire : « qu'on
puisse perdre élégamment tout le capital qu'on
y doit engager. »

Les scrupules et la délicatesse sont choses inconnues dans les coulisses. On monte la pièce sur
laquelle on compte, avec la femme la plus protégée, la plus richement patronnée... On accorde
la préférence aussi à la plus... connue; à celle
qui excite l'intérêt spécial qu'inspire la très jolie

femme fort bien habillée, ou audacieusement dés-
habillée. On accepte encore celle que l'auteur ou
le commanditaire impose.

Les autres espèrent en vain un rôle.

Quelles sont celles qui peuvent échapper à cette
tyrannie?

Les « enfants de la balle »... pendant quelque
temps. Elles épousent parfois un camarade ou un
homme de lettres, un journaliste, un directeur...
Mais le milieu est... plus que libre. On n'admet
pas qu'il y soit question de réserve, de pudeur.
L'artiste la plus comme il faut quand elle est en
contact avec les mondains, se relâche dans l'inti-
mité de la profession. Même si elle est entrée au
théâtre par goût, possédant une fortune qui la
rende indépendante, elle doit s'accoutumer aux
familiarités, aux exigences parfois blessantes... Si
elle est mariée, le ménage ne peut pas aller longtemps bien... Et si le mari, d'accord avec la
femme, prétend faire respecter l'artiste, il lui
impose une retenue qui la gêne, qui ennuie son
entourage, qui embourgeoise son talent, qui en
arrête l'essor.

Lorsqu'elle n'est pas mariée, elle finit par être
victime de l'atmosphère sensuelle dans laquelle
elle s'agite. Son cœur parle un beau matin ; elle
l'écoute, et généralement elle se trouve par lui
fort mal conseillée. Si elle lui impose silence, elle
passe pour n'en pas avoir, et elle se voit en butte
à d'incessantes persécutions.

Or, tout ceci ne concerne que la femme ayant des intentions parfaitement droites, obéissant à une vocation sincère, comptant assez sur son travail, sa volonté, sa persévérance, ses dons naturels, pour triompher de tout.

Les autres?... Elles n'essaient même pas de lutter.

Tout ce que l'on peut demander à une artiste, tout ce qu'on lui demande, c'est d'être décente, d'éviter le scandale, et que ses manières permettent au monde la feinte d'ignorer sa vie privée.

Tout ce qu'elle peut espérer, rêver! c'est que ses attachements soient suffisamment propres, constants, pour qu'elle puisse s'absoudre en face d'elle-même des actes qui sont la conséquence inévitable de la profession.

Voilà toute la vérité. Une fois qu'on la connaît, c'est affaire de conscience d'entrer dans une carrière dont on n'ignore plus les écueils. Nous ne sommes pas ici pour « moraliser », — je l'ai déjà dit; — mais pour éclairer.

Maintenant, adressons-nous à celles qui, ayant leurs idées sur la vertu, ne nous en font pas part, et nous prient seulement de leur dire quels sont les côtés favorables ou désagréables du Théâtre.

Nous allons examiner cela.

D'abord, la Cantatrice, par sa voix qui est un véritable trésor, occupe une place souveraine.

Cependant, elle n'arrive à une véritable suprématie, que si cette voix se classe parmi les *exceptionnelles*. Une jolie, une belle voix ne suffit plus.

Il est évident qu'il faut autre chose avec... : la bonne méthode, la santé vocale et générale, les agréments physiques, l'intelligence musicale et scénique. Sans un peu de tout cela, on fait une carrière de choriste, ou pire !... car mieux vaut être une tranquille choriste de l'Opéra, avec retraite, qu'une malheureuse chanteuse de second plan, en province, toujours incertaine du lendemain.

La première chance que possède la voix c'est celle de se révéler aisément. Dût-on chanter sur la place publique, il suffit d'ouvrir la bouche pour être entendue. C'est le son de la cloche argentine ou puissante, qui attire l'attention.

Alors ne tarde pas à se présenter la personne qui vous dit :

— Vous devriez travailler.

Et voilà déjà la future cantatrice marquée pour le combat.

A-t-elle le moyen de payer ses leçons ? Aussitôt le clan des professeurs — et des gens qui ont des professeurs à recommander — donne l'assaut. Le choix va être très grave, car le premier maître est pour l'avenir de la future artiste ce qu'est la première nourriture pour l'enfant. Jamais on ne répare les erreurs initiales, parce que l'organe en souffre et garde toujours la trace de ses efforts à faux.

Je ne dirai pas ici ce que je pense de l'ensei-

gnement du chant. J'en parlerai en m'occupant
des chanteuses destinées à exercer leur talent
hors de la scène. Nous ne nous occupons pour
l'instant que de la carrière théâtrale, et nous voulons admettre que celle qui l'embrasse sera bien
dirigée dans ses études.

La jeune personne qui ne peut pas payer ses
leçons, rencontre parfois un professeur qui lui
offre de l'éduquer moyennant un contrat, lequel
enchante la pauvrette ! — parce qu'elle croit,
avec une apparence de raison, qu'on ne ferait pas
crédit à son talent s'il n'inspirait confiance.

Il y a là encore une déception en perspective.

Le maître qui prend une élève « sur carrière »
est toujours un maître sans valeur ou sans puissance. Qu'il manque de science, de chance ou
d'autre chose,. il ne compte pas parmi ceux qui
ont brillamment réussi, — et qui, par suite, savent
faire réussir celles qu'ils forment. Qu'il donne de
mauvaises leçons ou qu'il en donne de bonnes, il
manque des relations nécessaires.

Pour une raison ou une autre, la jeune chanteuse ne tarde guère à le quitter, soit pour un
autre maître, soit que découragée par le peu de
progrès accomplis, elle renonce à ses premiers
espoirs. Le professeur abandonné se plaint, réclame ses honoraires, fait un procès... On n'abou-
tit qu'à des ennuis.

Une autre catégorie de Professeurs a la spécialité de travailler pour la province et le café-con-
cert. Celui-là vous procure des engagements. Mais

comme, pressé de rentrer dans son bénéfice, il le fait avec trop de hâte, il lance l'artiste encore incomplète, inexpérimentée, dans une lutte terrible, dans une existence de forçat. C'est l'angoisse perpétuelle du lendemain, c'est la défense contre les traîtrises des agents, les canailleries des directeurs véreux, les créanciers de toutes sortes, — car il a fallu s'endetter par l'achat de la garde-robe pour tout le « répertoire » ! Forcée de chanter tout et tous les jours, presque sans répétitions, d'affronter les débuts émotionnants, souvent cruels, la chanteuse parvient rarement à sortir de la médiocrité au point de vue du talent, — et de la gêne, si ce n'est de la misère.

Le Conservatoire est le meilleur chemin. Il donne l'enseignement gratuit, et facilite l'entrée des théâtres subventionnés, pour lesquels on n'est tenu de fournir aucun costume. Mais comme cet engagement n'est pas garanti, et qu'on est forcé de l'accepter s'il se présente, vous avez l'alternative entre deux choses : — n'être pas réclamée par un des directeurs à la disposition desquels il faut se tenir; ou bien être engagée par lui à des conditions fort peu rémunératrices.

Une fois engagée, il n'est pas certain que la débutante soit produite devant le public dans des conditions favorables. Il arrive que faute de sympathies dans la maison, elle y passe trois années d'obscurité au bout desquelles on lui annonce que son engagement n'est pas renouvelé. — Alors,

c'est la province ; c'est l'étranger, quand on a pris
la carrière italienne ; c'est l'existence de hasard,
tout comme lorsqu'on a « raté son prix ». Chaque
saison il faut apprendre les opéras nouveaux et se
monter en costumes pour les interpréter. Malgré
l'apparence d'appointements satisfaisants, on joint
péniblement les deux bouts, d'autant plus qu'il est
difficile de voyager seule, à cause de l'entretien
de la garde-robe, des bagages à faire et refaire
continuellement. Le changement perpétuel, les
frais de transport, de séjour, déséquilibrent un
budget aléatoire et précaire. — Et puis il faut
bien penser aux dépenses desquelles on ne parle
pas : gratifications au personnel du théâtre, au
chef de claque, à tous les entrepreneurs de succès,
y compris les journalistes. — Si l'on apprend
ensuite que les fleurs et les cadeaux des représentations d'éclat sont généralement payés ou
rendus par la bénéficiaire, et que les contrats
enregistrent des appointements de complaisance,
restitués ou jamais touchés, on s'aperçoit que les
ovations, les manifestations, les louanges de la
Presse, c'est de la gloire en *toc*... — Pour soutenir
même les vraies gloires, après les avoir imposées,
il faut que d'habiles *managers* mettent au compte
des frais généraux de la « grande artiste » un
chapitre spécial que l'on pourrait désigner par ces
mots : « Encensoir, cymbale et grosse caisse. »

Si tel est le sort de la Cantatrice, que sera celui
de l'Artiste Dramatique ?

5.

Il est dix fois pire !

Tout ce que nous venons de dire pour la Chanteuse s'applique à la Comédienne.

De plus les appointements de celle-ci sont considérablement moindres. — Sauf dans les théâtres subventionnés, elle doit fournir toutes ses toilettes, et l'on sait de quel luxe aujourd'hui il faut se parer ! — Même le crédit accordé par le Français et l'Odéon est absolument insuffisant pour la femme désireuse de s'affirmer un peu.

Si elle joue sur d'autres scènes, elle n'a de rôles qu'autant qu'elle est... protégée. Ses cachets ne comptent pas... A peine lui permettent-ils de payer son habilleuse et ses omnibus pour se rendre aux répétitions et aux représentations.

Veut-elle prendre part à une tournée?... — Elle n'est pas payée du tout !... Bientôt, si elle ne réussit pas très vite à se faire remarquer, on lui demande de mettre des fonds dans l'entreprise... — Et comme le genre noble est peu en vogue; que le genre léger, relativement facile, tente toutes les jolies demi-mondaines, il en résulte que la vraie Comédienne d'étude et de profession, meurt de faim... — à moins que?... Vous me comprenez.

Quant aux autres, aux « théâtreuses », nous ne pouvons en parler comme exerçant une profession à laquelle on avoue décemment se préparer. — Elles se recrutent parmi celles qui ont bien plus le goût des planches que la vocation artistique.

En somme, pour une « étoile » que de bohèmes !

... Et quelle misère dans les bas-fonds que l'on ne soupçonne pas, que nous ne voulons pas explorer ! Là, il y a plus de « vertu » peut-être que sur les scènes brillantes,... des vertus, des héroïsmes obscurs !... Mais c'est la déchéance sociale complète. Le forain dans sa roulotte est plus « régulier », plus « honorable » que l'infortunée artiste qui n'a pas triomphé.

Si le cœur vous en dit tout de même, tâchez de passer par le Conservatoire. Après trois ans de classes en moyenne, vous aurez un engagement de 150 à 300, 400 francs si vous enlevez un des premiers prix. Si vous ne décrochez que des accessits, vous trouverez des engagements à cent francs par mois ou à dix francs par soirée.

On entre au Conservatoire de 14 à 20 ans pour la Comédie, et de 17 à 23 ans pour le chant, sauf erreur. Je prie nos Lecteurs de ne pas attendre de moi des renseignements pratiques d'une rigoureuse exactitude concernant la préparation à aucune carrière. Je mets sur la voie en laissant le soin aux intéressés de s'informer. Les règlements se modifient si vite que même les livres qui fournissent les indications précises, ne sont plus dignes d'être crus sans contrôle, six mois après leur parution.

Avant de fermer ce chapitre consacré au Théâtre, disons encore que l'éblouissante fonction de Directrice-Artiste ne doit troubler les rêves de personne. C'est un très rude métier, avec de lourdes responsabilités. Pour monter un théâtre, on cherche une commandite. On ne la trouve que parmi les mécènes qui ont le moyen de perdre leur argent. C'est dire qu'on la trouve rarement. Généralement on s'y ruine quand on y met du sien.

Je ne puis citer aucun nom, je n'ai pas le droit de montrer des exemples; mais je puis donner ma parole de femme sans préjugés, simplement amie de la vérité, que le Théâtre n'est pas une carrière à conseiller.

L'INFIRMIÈRE

Contraste surprenant !... Immédiatement après
le Théâtre, magique, éblouissant, ce qui séduit le
plus nos jeunes plébiscitaires, c'est une profession
toute de dévouement, d'abnégation, de fatigue ;
de tristesse, en face des plus pénibles spectacles ;
de patience et de courage en présence des caractères les plus difficiles, altérés, aigris par la souf-
france ; et de devoirs les plus rebutants.

Quel mystérieux attrait a pour la femme le
désir de soulager, de consoler, d'être enfin la
« sœur de charité » avec ou sans la cornette ?...
C'est vraiment une vocation. On rencontre très
souvent des personnes qui vous disent : « J'aime
bien soigner les malades ». Comme d'autres
disent : « J'aime les enfants. »

Beaucoup, à cause de cela, se sont faites religieuses, moins par excessive piété que par choix
d'un état conforme à leur goût, et d'une vie réglée,
tranquille, capable d'assurer leur dignité. Je pour-

rais citer une élève du Conservatoire qui, instruite pendant la durée de ses études de la difficulté sans cesse croissante d'exercer son art, a pris le voile dans une communauté fournissant des gardes-malades.

Pensez-vous qu'il n'était pas nécessaire qu'elle se fît nonne pour cela? Vous seriez dans l'erreur. Il y a encore quelques années l'infirmière laïque était fort peu considérée. On s'en servait mais avec une certaine répugnance. Généralement elle se recrutait parmi les vieilles femmes qui ne semblaient plus bonnes à autre chose. Les jeunes, plus instruites, passaient à tort ou à raison pour avoir gagné à l'apprentissage, des mœurs plutôt... élastiques. Bref, pour une cause ou pour une autre, la garde-malade se voyait tenue à distance. La « sœur », au contraire, devait à son caractère religieux d'être traitée presque en supérieure, qu'elle sortît du peuple, ou de l'aristocratie.

Mais voici que se dessine un type nouveau, intéressant, que nous fournit l'étranger, et plus particulièrement l'Angleterre. La « Nurse » est presque toujours célibataire, fille comme il faut, bien éduquée, et souvent d'une distinction remarquable.

Le mot : *nourrice* est une tradition infidèle de *nurse*, parce que le mot est aussi intraduisible que notre « *chic* » ou tout autre essentiellement national.

A Windsor, c'est une princesse royale qui protège la Maison où les nurses vivent en commun dans un bien-être luxueux.

Toutes apportent ce qu'elles gagnent à l'institution. Elles ont une existence large, hygiénique, qui leur permet de se « refaire » après s'être prodiguées dans les « gardes » particulièrement pénibles. Chacune a sa chambre élégante. Le salon, la bibliothèque, les salles de bains, les dépendances sont des merveilles... Les « gentlewomen » d'un tel milieu peuvent être admises en amies chez les malades qu'elles vont soigner.

Cependant les pauvres ne les rebutent pas. Il en est, parmi elles, qui se consacrent même exclusivement à ces derniers. D'autres sont attachées à des établissement, notamment à la maison de santé chirurgicale qui fait partie de leur association.

Partout, jusqu'en Australie, le corps des infirmières, avec des règlements variables, s'impose à l'estime, au respect ; se défend par sa presse professionnelle, et constitue l'une des carrières les plus honorables qui puisse être offerte à une femme veuve ou sans famille.

En attendant que la profession devienne chez nous ce qu'elle doit être, ce que désirent qu'elle soit, des hommes très éminents, avouons que pour le quart d'heure, elle n'a rien encore de tentant. L'infirmière est toujours regardée comme subalterne. On l'envoie manger à l'office. Dans les hôpitaux elle a une paye fort mince et pas mal d'ennuis de toutes sortes. En ville, des exploiteurs la surmènent et ne la rétribuent guère.

Quelques-unes, libres, masseuses et ventouseuses, gagnent bien leur vie. Certaines, recommandées par les grands docteurs, sont retenues d'avance pour les opérations ou les accouchements.

Mais la profession a de l'avenir. Elle se relèvera comme niveau social. Le Conseil international des Infirmières vient de se tenir à Paris. M. Mesureur y a pris la parole. L'État tend à donner aux Secoureuses des Souffrants une situation prépondérante et officielle.

Pour que l'Infirmière française acquît un prestige réel, il faudrait que le diplôme ne s'obtînt pas facilement. En Angleterre, les cours sont de trois ans. Il pourrait y avoir des diplômes de première, seconde et troisième classes... Mais il ne m'appartient pas de soumettre des projets. Je n'ai qu'à dire aux intéressées qu'elles seront renseignées sur les programmes et les conditions d'étude soit à la Salpêtrière ; soit à l'École de madame Alphen Salvador, rue Amyot ; soit encore à celle de mademoiselle Chaptal ; ou en province, entre autres à Bordeaux, où existent des maisons spéciales d'apprentissage.

FEMME DE CHAMBRE

Je ne suis pas surprise de voir un assez grand nombre de voix se porter sur cette branche de la domesticité, car j'ai entendu maintes fois des femmes dire :

— Je ne détesterais pas du tout servir une maîtresse élégante, distinguée... Je me ferais fort de me rendre indispensable par l'adresse de mes soins, mes prévenances et mes délicates flatteries.

C'est possible que, près de certaines dames, le sort de la femme de chambre soit enviable, du moins pour les caractères souples et insinuants. Cependant, je crois que dans la pratique le métier doit laisser à désirer. Il ne suffit pas d'attifer une belle poupée vivante, d'entrer dans ses confidences et de s'emparer de son esprit en sachant se servir de ses faiblesses. Il faut aussi supporter des caprices, subir des tyrannies et parfois des injustices... Enfin on a tort de se croire « capable » parce qu'on a, dans son intérieur, donné avec plaisir quelques coups de plumeau à ses bibelots précieux, arrangé quelques fleurs ou une corbeille de fruits, lavé un bout de dentelle et nettoyé des gants blancs. Nos gentilles demoiselles qui se mettraient en service avec ce bagage, déchanteraient vite.

Admettons la vocation !... et alors parlons sérieusement, non pas uniquement de la « soubrette », mais du TRAVAIL MÉNAGER qu'il est temps de faire prendre rang parmi les professions véritables. — Il le faut pour rehausser sa valeur et l'estime dans lequel il doit être tenu.

Il convient à plus de femmes qu'on ne le suppose. Toutes celles qui n'aiment ni les livres ni l'assiduité devant une occupation fixe, monotone, marquent souvent un goût très décidé pour les besognes actives, variées, du foyer. Elles font preuve d'une intelligence spéciale que l'on aurait tort de ne pas cultiver.

En général, on les laisse satisfaire sans principes, sans méthode, aux besoins de leur intérieur, sans diriger, sans développer leurs facultés particulières. De sorte que si un revers les atteint, elles sont absolument incapables d'utiliser leur savoir, en dehors de leur famille. La jeune fille, la femme « de ménage » est la plus inapte qui soit à gagner sa vie.

Il faut — et il est question d'y arriver — que le

Travail Ménager soit évalué comme une dot ; et que les heures que la femme pourrait employer lucrativement au dehors, lui soient comptées dans la communauté tout aussi nettement que l'appoint d'un salaire, *car le Travail Ménager doit être une profession.*

C'est encore l'étranger qui nous montre la voie. De même que des Écoles d'Infirmières existent en tous pays, des Écoles Ménagères se sont fondées pour instruire les jeunes filles, leur donner un diplôme, en faire non plus des « servantes », mais des « employées » affectées à des besognes désignées ; ou encore les préparer au rôle de maitresse de maison, à l'art du commandement, si mal compris en général.

Commençons par examiner le Travail Ménager de la personne destinée à servir ; puis nous verrons ce même travail envisagé par la femme destinée à ordonner, — et qui ne répugnerait pas, éventuellement, à se créer un moyen d'existence, avec ses réels « talents » — je dis bien : *talents,* car on peut en avoir de très considérables et très précieux en ce genre.

Et s'il est une chose curieuse à remarquer, c'est que ce sont très souvent les artistes qui sont excellentes ménagères!! On voit donc que le terre-à-terre de la maison s'accorde parfaitement avec l'intellectualité.

A Fribourg, pour soixante-dix francs par mois, paraît-il, pension comprise, l'enseignement domestique est donné, comprenant des connaissances complémentaires, telles que la tenue des livres.

En Suisse également, il y a des « cours samaritains », qui apprennent à donner les premiers soins, et surtout à élever les bébés.

En Hollande, la bonne d'enfants reçoit un certificat obtenu au concours, constatant qu'elle connaît l'hygiène, le traitement moral et physique des jeunes sujets ; qu'elle est capable de leur donner les premières notions instructives ; qu'elle lit intelligemment, dessine à main levée, et sait « raconter des histoires » (!!). Elle doit connaître la pratique de la machine à coudre, les procédés de nettoyage et d'entretien des vêtements d'enfants. On ne rencontre donc pas, parmi elles, ces ignorantes qui déforment moralement et physiquement les innocents confiés à leurs soins. Ce sont des gardiennes, conscientes de leurs devoirs et de leurs responsabilités.

A la Haye, l'Ecole professionnelle des Servantes prend la jeune fille à treize ans, parmi les bonnes élèves de l'Ecole primaire. On ne juge pas, avec l'étroitesse d'esprit de notre vieille bourgeoisie, qu'un bon domestique ne doit pas savoir lire. L'Ecole garde cette fillette pendant deux années et lui fait suivre des cours spéciaux selon ses aptitudes. Elle sort cuisinière, camériste, nourrice sèche, lingère, ou bonne à tout faire, à son choix. Mais elle a toujours des notions générales d'économie domestique.

On comprend que des filles, dressées de la sorte, deviennent les auxiliaires, les collaboratrices de leurs maîtres. Beaucoup plus considérées que chez nous, elles sont aussi plus heureuses, parce que l'antagonisme défiant, haineux, entre ceux qui commandent en tyrannisant souvent, et celle qui n'aspire qu'à désobéir, n'existe pas. Chez nous la profession est basse, il ne faut pas se le dissimuler. Cela est si vrai que l'ouvrier lui-même parle avec dédain du « larbin. »

Relevons-la, cette profession. Elle n'est pas plus vile qu'une autre, si celle qui l'exerce sait en remplir les devoirs fièrement. Il ne faudrait pas que la femme ruinée rougît de l'accepter. Le travail, quel qu'il soit, ne peut faire déchoir personne.

Et cependant!... qu'il me soit permis d'ouvrir ici une parenthèse... — le travail, regardé comme une punition par les esprits religieux, est par eux pris souvent en pitié, mais *jamais honoré!*... On honore l'Argent gagné par le travail, mais non *le Travail* lui-même, surtout lorsqu'il reste humble, obscur et mal rémunéré. — Il est temps de le regarder autrement. C'est le préjugé contre lui qui a fait trop souvent triompher le vice orgueilleux. Respectons le Travail, même quand il a été mal récompensé par la destinée.

Donc, en attendant la création chez nous de ces Écoles Ménagères si désirables, conseillons à la domestique actuelle, l'ambition de rehausser sa condition en élargissant son savoir, en ayant le respect d'elle-même, de sa bonne tenue, le soin de sa santé, et le désir d'acquérir quelques lumières. Il est déplorable de rencontrer encore des filles gauches, niaises, inaptes à faire intelligemment une course, à porter une dépêche au bureau du télégraphe ou à donner un coup de téléphone.

Il est honteux aussi que des « patronnes » préfèrent le « torchon » que l'on bouscule, que l'on injurie parfois, à la personne d'initiative, capable, sur qui l'on peut compter, mais qui a son légitime amour-propre, et ne supporte pas de mauvais procédés.

Il est temps que serviteurs et maîtres, se rapprochent, les uns par un accroissement de leur valeur, les autres par une meilleure compréhension de leur rôle.

Le Travail Ménager, envisagé comme moyen éventuel de gagner sa vie pour la bourgeoise qui n'a aucune profession, cessera sous peu d'épouvanter par la crainte de déchoir. Le goût de l'intérieur, loin de se dissimuler comme une preuve de médiocrité intellectuelle, est affiché maintenant avec un certain orgueil par les maîtresses de maison des hautes classes. La plupart du temps, la mondaine, ayant des instincts artistiques, applique son intelligence cultivée au bon fonctionnement de son intérieur. Elle a de lourdes responsabilités : hôtel en ville ou château ; déplacements,

personnel nombreux, réceptions obligatoires, —
et enfants presque toujours. Son budget doit être
bien équilibré. La part de la bienfaisance y est
large. Etre à la fois ministre des finances, de l'intérieur et... des affaires étrangères, n'est pas une
sinécure. Cette « reine du chez soi » travaille avec
son cerveau, plus que bien d'autres avec leurs
mains. C'est une organisatrice, un administrateur,
un auxiliaire inestimable, du mari absorbé par des
devoirs sociaux.

Elle doit assurer le bien-être de tous et l'ordre
dans les bouleversements qu'imposent les événements. Elle connaît tout. Elle ne laisse pas le soin
du menu au chef, ni le décor de son « home » au
tapissier. Sa personnalité s'affirme partout. Et
malgré ces devoirs multiples, elle ne perd pas le
souci d'être belle, aimable, séduisante. Elle a lu
son journal au réveil ; elle est au courant du livre
nouveau, de la pièce en vogue, de la mode du jour,
des variations de tarifs dans les chauffages ou les
droits d'entrée, de tous les progrès, — et de toutes
les bonnes routines à conserver ; des usages et des
lois. Si elle devient veuve, elle ne sera pas la proie
des hommes d'affaires. Elle est un peu « notaire ».
— Félicitations ! !

Celle-là sans doute n'aura jamais à gagner son
pain, car elle sera prévoyante, d'abord ; puis en
admettant pour elle un revers de fortune, dans les
épaves de sa richesse, elle sauverait toujours de
quoi vivre décemment. Cependant, si par impossible elle se voyait réduite à l'excessive pauvreté,

elle trouverait sa place dans une direction de grand hôtel, d'intérieur somptueux. Ce serait la femme de charge, l'intendante, ayant rang au-dessus de la domesticité. Elle échapperait même probablement à cette extrémité, car dans le monde où elle aurait vécu précédemment, elle contracte-rait peut-être un de ces mariages d'association qui font le bonheur automnal de tant de gens. — Des hommes politiques, des médecins, des indivi-dualités ayant besoin d'un « salon », et encore plus d'une « salle à manger », apprécient haute-ment les femmes d'expérience murie, ayant ce qu'on pourrait appeler : la haute Culture des Sciences et de l'Art ménagers.

Dans la classe moyenne, la maîtresse de maison met quelquefois la main à la casserole ou au balai... — une main gantée quand il se peut.

Instruite et sage, terminant chaque jour à point ses besognes prosaïques, ou sachant s'y livrer avec délicatesse, elle n'étourdit pas son entourage d'un zèle importun ; elle ne change pas de bonne quinze fois par an ; elle sait donner des ordres justes et précis ; elle connaît le prix des choses. mais sacrifie les mesquines économies au progrès bien entendu. Elle sait épargner le temps qui peut être employé plus utilement qu'à l'accom-plissement de travaux mal entendus. Ses qualités ménagères se révèlent surtout par leur résultat. Elle a des notions de tout ; une bonne organisation et de bonnes finances : des connaissances d'hy-

giène et de droit courant. C'est une maîtresse
femme au sourire gracieux.

Celle-là, sachant qu'elle n'aurait aucune ressource, en cas de revers, que « d'entrer chez les
autres », fera bien de se spécialiser un peu afin
d'éviter le rôle assez dur de la « bonne à tout
faire » condamnée aux petits ménages, où le
bien-être est moindre et le travail plus rude.

Il lui sera facile soit de suivre des cours, soit de
prendre un « extra » pendant quelques semaines,
et de se faire donner des leçons de cuisine, dans
le but d'aspirer au « cordon-bleu ».

N'a-t-elle pas de goût pour le fourneau? Qu'elle
se perfectionne dans la coupe, le repassage, le
blanchissage des dentelles, la coiffure, le talent
de la masseuse, et alors, elle sera sans doute la
Femme de Chambre rêvée par nos plébiscitaires
qui se sont montrées favorables à cet état parce
qu'elles s'y seront rendues supérieures.

A présent que nous avons satisfait par des expli-
cations aux vœux d'une majorité féminine qui
exprima ses préférences, nous allons parler un
peu de toutes les Professions, au hasard, de façon
à éviter la monotonie, à intéresser les Lecteurs de
tous rangs; et ceci en indiquant ce qui selon nous
est le plus avantageux.

LE COMMERCE, L'INDUSTRIE

Je n'ai jamais accordé le « génie » à la Femme. Je la crois par nature très inférieure à l'*élite* mâle. En revanche elle est généralement supérieure à la *moyenne* masculine, lorsqu'elle fait effort sincère pour réussir en quoi que ce soit.

Elle prouve aussi de particulières aptitudes pour « les affaires » ; et telle qui semble nulle ou bornée. qui est complètement illettrée, révèle des facultés surprenantes pour le calcul, le négoce, qu'elle pratique parfois à sa manière, mais avec autant d'exactitude et généralement plus de finesse que la plupart des hommes. On cite des femmes de tête, même dans la Banque et la haute Industrie. On voit dans le grand commerce des épouses devenir les précieuses auxiliaires de leurs maris.

Le Commerce est certainement une des carrières les plus tentantes qui soient offertes à la femme. C'est là qu'elle rencontre le plus de chances de s'élever très haut dans la réputation et la fortune, soit par la réussite personnelle, soit par le mariage, car il arrive très fréquemment qu'un patron ou un employé supérieur s'attache de la sorte une personne dont il apprécie la valeur.

Aujourd'hui il n'y a plus à se préoccuper du préjugé qui naguère frappait le négoce. Le « marchand » à présent n'est pas le bonhomme qui s'appliquait à tromper le client, à lui faire payer le plus cher possible le « rossignol » de sa boutique; qui s'humiliait, s'aplatissait, pour gagner un écu.
Le commerçant du vingtième siècle opère loyalement, intelligemment, dédaignant le profit mesquin. L'industrie est colossale; le trafic grandiose. Les gens qui les pratiquent ne le cèdent en rien aux mondains, sous le rapport de l'éducation et de la culture intellectuelle. Ce sont eux, qui, à l'exemple des Génois et des Vénitiens de jadis, protègent les Arts et donnent l'essor au progrès.

Cependant, ici, comme en toutes les carrières, il faut se mettre à l'œuvre sans rêver d'impossibles destinées. Rien n'est plus périlleux que d'entrer « dans les affaires » lorsqu'on n'est pas très solidement instruit de ce qu'elles sont en réalité.
Et quand on y prépare un enfant, celui-ci doit penser que si les grands espoirs sont permis, il n'est certain que de gagner sa vie, et de se créer une situation tranquille, surtout s'il n'est doué que des qualités modestes, d'ordre, de bonne

volonté, de ponctualité ; et qu'il ne se sente pas
l'ambition, le génie d'audace et d'entreprise nécessaires pour oser les coups de fortune.

Pour préparer une jeune fille aux affaires, on
sort à présent des vieilles routines ; on ne la met
plus dans une boutique « pour apprendre le commerce », sauf le cas où « la vente » se double de
la connaissance obligatoire d'une spécialité.

On préfère suivre des cours relativement peu
coûteux, qui font gagner beaucoup de temps.

On les suit souvent par correspondance lorsqu'on est loin des Écoles privées où l'on s'instruit sur les matières qui permettent ensuite
l'entrée dans le Commerce, l'Industrie ou l'Administration. Le choix entre ces diverses branches
doit se laisser guider par les considérations de
santé, de caractère, d'aptitudes, constatées chez
le jeune sujet.

On fera bien de prendre conseil d'un des directeurs de ces Ecoles, dont l'opinion est un guide
certain.

Il est regrettable que nous n'ayons pas d'Ecoles
de Commerce spéciales pour les Filles, ainsi qu'il
en existe à l'Etranger. En France, nous sommes
toujours arriérés dans le sens des études pratiques,
parce que nous sommes trop traditionalistes.

Les Etudes commerciales ont ceci de bon que
par l'obligatoire connaissance d'une ou deux
langues, elles peuvent donner des fruits en tous

pays ; car de même que l'on mange partout, il y aura toujours des échanges de produits bruts ou fabriqués pour les besoins de tous, et des employés pour ces transactions.

Disons aussi que c'est dans le monde des affaires que l'on rencontre les meilleurs ménages. — C'est là également que le mariage ou le placement des enfants se fait dans les conditions les plus favorables. On se connaît mieux, on se trompe moins facilement sur les caractères que dans les autres milieux.

Certaines personnes s'imaginent que l'instruction n'est pas nécessaire pour faire fortune dans les affaires. On cite des « noms » à l'appui, — et ce n'est pas sans raison.

On oublie que les Grands Riches, les illustres Parvenus d'aujourd'hui furent des illettrés « partis de rien » ; mais il y a bien des années, et ce qui était possible alors ne l'est plus à présent.

Il faut compter aussi avec des chances particulières, des circonstances qui veulent que ce ne soit pas toujours le commerçant qui ait fait fortune, mais son « génie du commerce » arrivé à son heure, favorisé par le hasard. — On gagne le gros lot à toutes les loteries ; et il arrive même qu'il tombe sur vous quand vous êtes loin de vous y attendre... ni même le mériter.

A notre époque, il faut s'instruire et savoir son métier, parce qu'ainsi on augmente sa puissance d'action. Les capacités constituent un bagage léger,

qui ne nuit pas à l'intelligence, et dont jamais on
ne se trouve embarrassé. Au contraire on regrette
souvent d'ignorer quelque chose.

Théoriquement, l'Education commerciale a des
degrés très divers, et des ramifications selon qu'on
prétend s'orienter vers le bureau ou le magasin,
et même le voyage.

Le Bureau, l'Administration, comprennent la
tenue des livres, la dactylographie et la sténographie, la comptabilité, les calculs rapides spéciaux,
la correspondance en langues étrangères, etc.,
etc...

La Dactylographie, sans les langues, fait gagner
trois francs par jour, car on n'est plus qu'une
machine à actionner une autre machine. La
langue, pour celle qui ne fait que l'écrire, peut
avoir été apprise hors du pays d'origine, pourvu
qu'elle soit *commerciale*. Très vite on s'aperçoit
que la langue littéraire n'a pas d'utilité réelle. Il
faut celle du trafic. Je pense qu'il est prudent de
ne pas négliger l'espagnol, en ce moment ; ni
même de ne pas perdre de vue le portugais, parce
que l'Amérique du Sud semble entrer dans une
période de prospérité qui fait prévoir un développement d'affaires considérable et prochain.

Comme j'ai l'habitude de signaler toutes les particularités que je puis connaître, je préviens que
la machine à écrire « énerve » beaucoup, d'autant
plus que les abus de travail sont fréquents. Lors-

qu'une Dactylographe « va vite », on la surcharge
de besogne. Et quand elle n'a pas cette vitesse, on
ne l'emploie pas. Or quand pendant dix à douze
heures chaque jour on a « pianoté » sans relâche,
la maladie nerveuse n'est pas loin, pour peu qu'on
y soit prédisposée.

La connaissance d'une langue, la Dactylographie et la sténographie *réunies*, ne font pas plus
gagner aujourd'hui que ne le faisait la Dactylographie toute seule, il y a environ cinq ou six ans.

La Vendeuse doit parler couramment une langue.
Elle ne le peut, et surtout ne saurait la comprendre,
que si elle a vécu dans le pays d'origine.

Les débouchés d'administrations — en dehors
des places de l'Etat, — se trouvent, *sans* les
« langues », dans les Compagnies d'Assurances,
les Grands Magasins, notamment dans l'industrie
du vêtement.

Les petites caisses sont souvent tenues par des
femmes. Il y a aussi des emplois aux manutentions,
aux archives, aux échantillonnages, aux expéditions. Et de plus en plus on tend à prendre des
femmes pour les besognes administratives. Les
hommes n'ont pas le droit de s'en plaindre, eux
qui, assez ridiculement, usurpent la place des
femmes aux comptoirs de dentelle, de mercerie,
de ganterie... On devient aussi professeur dans
les cours commerciaux.

Les employées d'administration ne font pas souvent de brillantes carrières. Elles sont simplement tranquilles, quand elles ont pu entrer dans de bonnes maisons. En général on ne demande pas de cautionnement, même pour les petites caisses. On devra toujours se défier du patron qui exige que ses employées soient « intéressées » par un apport.

La vendeuse au contraire peut aspirer à bien des choses, car tandis que l'employée aux écritures ne saurait se surpasser elle-même dans une besogne qui ne pourra jamais être mieux que « très bien », la vendeuse peut apporter des qualités extrêmement précieuses, qui se font remarquer, s'imposent et conduisent parfois loin.

Une des principales est l'amabilité, la complaisance *naturelles*. S'il y a effort, il n'y a jamais « charme ». Il faut infiniment d'intelligence, de bonne humeur sincère, pour supporter avec patience les caprices, les injustices de la clientèle. Or, j'ai le regret de le constater, rien n'est plus difficile à satisfaire que la « cliente ». Mieux vaut servir vingt hommes, qu'une femme, sauf de rares exceptions.

La vendeuse, en dehors de l'article auquel, plus spécialement elle se voue, doit connaître les prix de revient, les livres de référence, les systèmes d'étiquettes, les marques convenues, les bulletins de commission, de vente. Quelquefois elle doit être aussi « acheteuse » et alors savoir prendre et donner des ordres, faire exécuter des commandes, ne pas ignorer les douanes, les marchés, les calculs compliqués du change, des intérêts, des commissions, de poids et valeurs.

Deux postes de vendeuses sont très enviés ; ceux de la Grande Couture, et ceux des Grands Magasins.

Dans la Grande Couture on exige l'anglais appris en Angleterre. La jeune fille débute à dix-sept ans, à moins qu'elle ait fait son noviciat ailleurs. Elle commence par être « aide », et ce stage constitue une assez rude épreuve. Elle est le souffre-douleur des *anciennes*. Mais avec un peu de patience elle « monte », se constitue sa clientèle, et finit par gagner convenablement sa vie, n'ayant plus d'ordres à recevoir que du chef de la maison.

Le personnel « au mois » est nourri. Ses appointements s'augmentent des intérêts que chaque vendeuse a sur « ses » ventes. Plus la maison est bonne, plus le gain se produit aisément. Le plus petit « trotteur » confectionné chez les princes de la couture est facturé 350 francs. Les toilettes de 2.000 francs ne sont pas rares. On a cité une vendeuse qui se faisait cent mille francs par an !... Empressons-nous de dire que son exemple est unique.

La vendeuse n'a pas besoin d'être jeune, belle, élégante... Sa nationalité importe peu. Tant qu'elle « vend » elle peut rester en fonctions.

La svelte personne dont les fonctions consistent à endosser du matin au soir des « modèles » et à les faire défiler devant les acheteurs, n'a aucun avenir. On ne lui demande que sa taille : 42 centimètres. Elle doit être grande pour les maisons qui vendent plus particulièrement aux Anglais et aux Américains. Elle peut être plus petite chez les négociants qui fournissent l'Amérique du Sud et l'Espagne. A ce « mannequin » on ne permet aucune parole, aucune preuve d'intelligence. Elle n'a pas le droit d'empiéter sur les attributions de la vendeuse. Elle peut se passer de beauté et de jeunesse pourvu qu'elle ait un certain *chic*.

Cet état est presque toujours «provisoire» pour celle qui l'exerce, parce qu'il est peu payé, dépourvu de but ou d'intérêt, et sous la perpétuelle menace de l'embonpoint. Deux centimètres de hanches en plus que le tour permis la font « remercier. »

Naturellement il y a d'excellentes maisons, très estimables. Mais il y en a d'autres qui sont tout le contraire. Des patrons positivement odieux terrorisent leurs employées.

Certains qui donnent généreusement cinquante francs par mois à ces malheureuses, exigent qu'elles aient une toilette qui absorbe la totalité de ces maigres émoluments. C'est l'instigation préméditée à la mauvaise conduite.

Je ne laisserai non plus passer l'occasion de dire comment ce genre d'hommes a résolu la fa-

meuse question des « sièges » imposés par la loi...
Ces sièges existent, mais... il est défendu *muette-ment* de s'en servir. La vendeuse aperçue assise, est
« rattrapée » sous un prétexte quelconque, attendu
qu'on ne peut lui reprocher directement d'user de
son droit.

Il y a là une tyrannie cruellement inutile, puisqu'on n'a pas à craindre la paresse de l'employée.
On sait bien que celle-ci ne négligera jamais son
devoir envers les clientes, la vente étant le meilleur de son bénéfice.

Et ce sont les maisons *crues* les plus humaines,
parce qu'elles s'affichent « bien pensantes », qui
sont les plus sévères sur ce point!

La vendeuse des Grands Magasins est admise,
à partir de dix-huit ans, sur références très sérieuses, si elle justifie d'un stage d'au moins un an
dans une maison parisienne connue, et prépara-
toire au rayon vers lequel plus particulièrement
elle dirige ses préférences.

Elle est nourrie et parfois logée. Elle débute à
400 francs par an, et a la *guelte*, c'est-à-dire sa
part de bénéfice sur les ventes. Là aussi on s'attache des clientes qui ne veulent être servies que
par leur vendeuse préférée. On arrive à se faire
jusqu'à 20.000 francs par an.

Ne voulant désigner aucun établissement, nous
dirons seulement qu'en général ces puissantes
administrations rivalisent entre elles de sévérité
juste et d'humanité réunies, en faveur de leur

personnel. Il règne une discipline assez équitable presque partout. On ne vous renvoie pas sans motif grave. Il y a des avantages, des secours... même une retraite quand oh a pu organiser la caisse spéciale.

La preuve que ces maisons sont bonnes c'est le nombre considérable de postulantes avides d'y entrer.

On a parlé du surmenage... Il faut évidemment de la santé pour supporter les « coups de collier » de saison; mais on a exagéré. L'hygiène s'impose davantage chaque année, et les repos réglementaires sont suffisants pour réparer les fatigues, *quand l'employée sait en profiter*. Les épuisées sont celles qui en rentrant à leur domicile, trouvent de nouvelles fatigues... Nous n'avons pas à apprécier de quelles natures elles sont trop souvent.

Quand on entre jeune dans les Grands Magasins, on s'acclimate, on s'entraine et l'on supporte parfaitement les inconvénients de la température, de la raréfaction de l'air, de l'activité spéciale. La régularité de la vie devient le balancier de la santé et en garantit le bon équilibre.

Cependant, il est rare qu'une vendeuse de Grands Magasins reste en fonction au-delà de la cinquantaine. Il y a une lassitude morale peut-être encore plus sérieuse que la lassitude corporelle.

Dans les Magasins de détail on exige quelquefois des connaissances spéciales; et l'on ne refuse pas d'en instruire l'employée qui plait.

Par exemple dans les Parfumeries on prend des demoiselles à 50 francs par mois, pour les augmenter progressivement jusqu'à cent.

Elles ne sont pas nourries. On donne la préférence à celles qui parlent une langue, principalement l'anglais.

La *Fleur naturelle* prend des apprenties à 14 ans. Une année se passe sans rétribution.

Quelquefois la jeune fille est nourrie, et l'on évalue cette nourriture à 80 francs par mois. Les parents offrent souvent de payer l'apprentissage parce que le métier est bon, du moins depuis un certain temps, et qu'on prévoit que ses avantages se maintiendront.

Lorsqu'on a le goût voulu, on gagne assez facilement deux cents francs par mois et la nourriture. Alors on a des responsabilités, des demoiselles à diriger, des initiatives à prendre. On est créatrice de nouveautés en un art véritable, et qui suit toutes les fluctuations de la mode.

On aurait tort de croire que ce joli état soit doux à exercer! C'est qu'on ne voit pas la fleuriste dès huit heures du matin, en plein hiver, les pieds dans l'eau, sans feu, « changeant » les fleurs coupées, tandis que les hommes arrosent les plantes en pot. Les veillées s'imposent aussi quand il y a des commandes... Tous les tempéraments ne se font pas à ce genre de travail.

Disons un mot maintenant du commerce, en tant que Patronnat.

Le rêve est naturellement de ne pas être chez les autres, ou de *ne plus* y être.

Il est souvent périlleux de le réaliser.

Je n'ai aucun conseil à donner aux personnes qui, ayant été employées, se sentent les capacités nécessaires pour s'établir. Souvent elles ont grandement raison. Quelquefois elles se trompent... Aucune n'attend de moi un avis dont elles n'éprouveraient pas le besoin.

A la femme ayant subi des revers, qui songe souvent à employer ses derniers sous dans une entreprise commerciale, je dirai neuf fois sur dix : — « Vous avez tort. »

Mon opinion est que si elle doit tenter quelque chose, il faut que ce soit avec *rien*.

Reconnaissons, à la louange de la Française et surtout de la provinciale, qu'elle a presque toujours trop d'honnêteté, trop de crédulité... — ce qui est absolument digne de respect. Elle n'est pas « roublarde »... Inclinons-nous. Ceci vaut un hommage... Seulement, en de telles conditions d'infériorité, elle doit se garder d'entrer dans une lutte où elle aura le dessous certainement contre... les Lois, tout simplement, — sans même aller chercher de particuliers ennemis.

L'inexpérience est le plus grand crime contre soi-même en affaires.

Pourtant, comme rien n'est absolu, il ne convient de détourner personne d'une audace qui peut réussir.

Je me permettrai seulement de consigner ici quelques observations :

Je crois que la décentralisation qui s'accuse assez vigoureusement, va permettre bien des entreprises dans les départements.

On a chance de succès lorsqu'on apporte ce qui n'existe pas, — et que la chose apportée est réellement correspondante à un besoin qui peut-être même s'ignorait.

Commencer très discrètement, sans les terribles « frais généraux » pour lesquels il faut travailler si durement avant de réaliser le moindre bénéfice! C'est un procédé fort prudent.

Comme local, mieux vaut une échoppe bien située qu'un splendide magasin en dehors du mouvement. On ne galvanise pas facilement un pays, ni même un quartier. La publicité ne suffit pas à décider le client au déplacement, pas plus qu'à lancer une entreprise. La publicité augmente une réputation mais ne la fait pas. Il y a donc erreur complète — lorsqu'on n'a pas de puissants moyens d'action par la force du capital — à s'entêter dans ce qui ne plaît pas tout de suite, ou qui n'arrive pas à son heure, qui va contre le goût du jour et l'évolution des mœurs.

Une déception se prépare encore pour ceux qui, ayant vu réussir une industrie, croient pouvoir y trouver, à leur tour, un élément de fortune.

Parce qu'il a été gagné des sommes folles avec les « spécialités », avec les traitements de Beauté, avec les maisons de « five o'clock tea », il ne s'ensuit pas qu'on puisse arriver à la suite de tout le monde avec le même succès. Par chance ou par intuition, il faut savoir « prendre le vent ».

Je me souviens d'avoir vu dans mon enfance une demoiselle qui habitait un petit « trou » près d'un port normand. L'été, quelques baigneurs venaient dans le pays. Elle entreprit de leur vendre de menus objets que les marins apportaient de Chine. Voyant que cela marchait bien, elle commissionna les matelots de lui rapporter ce qui se plaçait le plus facilement, puis enfin des objets peu connus... — De la sorte, elle assurait le bénéfice courant, et sans risque tentait d'agrandir ses affaires. Elle réussit merveilleusement, d'autant que la plage se trouva favorisée par la mode. Au bout de quelques années, voyant fléchir la vogue de l'exotisme, cette négociante abandonna insensiblement l'importation et se tourna vers « l'Antiquité ». Elle fut des premières à parcourir les campagnes normandes et bretonnes, et à opérer la récolte des vieux meubles, des vieilles poteries, des bijoux et des dentelles de paysannes. A ce commerce, elle est devenue une des plus riches propriétaires de la contrée.

Une autre, admirable brodeuse, usait ses yeux
à des ouvrages dont elle ne trouvait pas le placement. Elle eut l'idée d'appliquer son goût aux
accessoires de la Confiserie. Elle fit des sacs, des
boîtes, des fantaisies... Elle a réalisé une petite
fortune.

Ces exemples entre mille prouvent que sans instruction commerciale, il n'est pas impossible de
réussir. Mais il faut avoir l'intelligence du négoce,
et l'inspiration. Les femmes dont je parle n'ont
pas été demander à leurs amis : — « Qu'est-ce
que je pourrais bien faire? » Elles ont été de l'avant
en disant : — « Voici ce que je veux faire ».

Des femmes ont fait aussi des prodiges comme
directrices d'atelier, d'imprimerie, d'hôtel, d'établissements de tous genres. Mais il est à remarquer
qu'elles ont rarement *créé*. Elles ont aidé quelqu'un, parents ou patrons; puis, initiées au mécanisme de l'affaire, elles l'ont continuée, parfois
avec une indéniable supériorité.

Les petits commerces qui paraissent réussir aux
initiatives féminines, surtout en province, dans les
pays qui prennent de l'essor, — par exemple les
villes d'eaux et plages nouvelles, les contrées traversées par l'automobilisme qui va être un grand
agent d'activité, — sont : les petits bazars, les
objets de piété et les couronnes funéraires, les
jouets, la parfumerie, la papeterie-librairie avec
dépôts de journaux, l'herboristerie, la mercerie

avec les colifichets de mode ; la confiserie avec pâtisseries sèches et denrées fines... Le cabinet de lecture, avec location de pianos et abonnement de musique... Tout est question d'intelligence, d'adresse, de caractère.

Mais, j'insiste sur ce point : que les familles ne redoutent pas la haute culture commerciale pour leurs filles. Toute l'aristocratie mâle est revenue du préjugé. Toutes les écoles préparatoires, à *Centrale*, à *Polytechnique* (section « ingénieurs » regorgent de noms nobles qui se préparent à l'industrie, à la finance, à la colonisation.

L'avenir est là.

Afin de ne négliger aucun détail utile, je consigne ici ce renseignement accessoire : nos grands magasins acceptent, sans exiger de stage préalable, les jeunes filles ayant moins de dix-huit ans, pour les « Échantillons et Étiquettes ».

CHIMISTES, PHARMACIENNES

L'exemple de madame Curie démontre que la
science exacte, minutieuse, patiente, convient
admirablement à la femme. Mais tout le monde ne
peut pas être madame Curie. Et quand on envisage
la profession comme gagne-pain, il est bon de voir
à quoi elle mène.

Il paraît qu'il y a des pharmaciennes à Paris.
Nous savons du reste que beaucoup de pensionnats
et d'établissements de secours ont des « sœurs » à
la tête de la pharmacie.

L'achat d'une Pharmacie coûte assez cher. La
fondation d'une maison est non moins coûteuse,
parce que la clientèle vient difficilement. Il faut
pouvoir attendre... De plus, le métier se gâte. On
se soigne aujourd'hui bien plus par l'hygiène ou
par la médecine des agents naturels, que par les
médicaments composés. Lorsqu'on a recours à
ceux-ci, on prend volontiers une spécialité.
Et si le pharmacien se mêle d'en faire une,

avant qu'il la fasse « prendre », il faut du temps et
de la dépense. De ce côté, la concurrence est encore devenue terrible.

Je crois que l'avenir de la Chimiste sera plutôt
dans les laboratoires. Elle fera de la chimie industrielle.

Toutes les manipulations conviennent à ses
goûts, à sa dextérité. La nature semble la préparer
admirablement à cet état de Chimiste.

Pour étudier la pharmacie, on est « élève » au
pair, pendant trois ans ; puis on s'inscrit pour les
cours de l'École, à Paris ou dans diverses villes de
France. Il faut avoir vingt-cinq ans et être bachelière. Au bout de trois années on passe des examens
qui donnent droit, lorsqu'on n'échoue pas, au diplôme de première classe.

Quand l'on n'a pas les moyens de s'établir, on se
place employée. On est très tenue... Il faut souvent
faire le service de nuit.

Attachée à un dispensaire, on touche des appointements d'environ trois mille francs.

Si l'on compte l'entretien pendant les six années
d'études, les frais d'inscriptions, de livres, et
autres dépenses, on doit évaluer à une vingtaine
de mille francs cet apprentissage.

Cependant je dois convenir que mon expérience,
en certains cas, peut être trop exclusivement parisienne. Quelqu'un m'a fait observer que la phar-

macie en province pourrait encore offrir de réels avantages à la femme ; entre autres ceux de la rendre indépendante, maîtrasse chez elle, et libre de veiller sur sa famille, en même temps que d'exercer sa profession. En face du mari elle se trouverait dans une situation très favorable : son diplôme lui assure la possession de sa maison, sur laquelle un époux déshonnête ne pourrait rien. Son titre de « Pharmacienne » l'émancipe de fait, lui assure une liberté intellectuelle, des prérogatives qui cependant sont très compatibles avec la réserve, la modestie, les goûts de foyer qu'on aime à trouver chez la femme.

En outre, elle devient un parti très tentant pour tout fonctionnaire stable, pour un pharmacien également, heureux de conclure une association, pour le médecin, le notaire, ou quelque propriétaire.

Ces considérations valent la peine d'être examinées.

L'OUVRIÈRE DE FABRIQUE

C'est pour ne dédaigner aucun labeur que je touche à présent aux métiers qu'à la rigueur, en attendant mieux peut-être, on pourrait exercer.

Dans les Usines de parfumerie, de confiserie, on emploie des femmes pour empaqueter la marchandise, coller les étiquettes, nouer les faveurs. Cela se pratique dans des locaux clairs et sains. Le travail propre, souvent délicat, convient à des personnes simples, mais comme il faut. Les mœurs sont bonnes. La fatigue n'est pas grande. Puis on avoue sans difficulté qu'on est « employée » de telle ou telle grande maison industrielle. Il n'est pas obligatoire de préciser si c'est dans les bureaux ou dans les ateliers.

Les conditions de salaire ne sont pas identiques partout ; mais elles offrent beaucoup de similitude.

En général on n'est pas nourrie. On reçoit la paye à la journée ou aux pièces.

A la journée, on peut entrer apprentie dès l'âge de treize ans, en gagnant 0 fr. 50 par jour. On monte assez vite à 3 fr. 50. On reste aussi long-temps que la vue et l'agilité des mains permet le travail.

Lorsqu'on est payée aux pièces, le produit est en rapport avec l'habileté.

Il n'est pas si aisé qu'on le pense de réussir ces enveloppages de bonbons, de savons, de flacons. Coller une étiquette exige du soin; cependant il faut aller vite et produire une besogne irrépro-chable.

Plus facile, mais aussi bien plus vulgaire est le travail des femmes qui vont éplucher les fruits et les légumes pour les conserves et la confiserie.

Selon les saisons, elles se transportent dans les usines pour écosser des petits pois ou préparer des marrons glacés. Elles sont un peu errantes, se dé-plaçant suivant les demandes.

Nous voyons encore la Plieuse de journaux dans les imprimeries où le tirage se chiffre par milliers. Ces femmes ont une façon de préparer les feuilles en disque éventaillé, et de les prendre une à une, avec une rapidité que donne seule la longue pra-tique.

Les Filatures, peu nombreuses en France (je crois qu'on en compte quatre seulement de haute importance), prennent aussi des femmes pour ranger les bobines dans des boîtes, et empaqueter les écheveaux. — Un mois d'apprentissage.

L'industrie du papier emploie un grand nombre d'ouvrières. Elles sont peu payées, pour faire un ouvrage plutôt désagréable. Aussi est-ce dans les faubourgs tout à fait populeux, ou en province, que l'on recrute de braves femmes pas « princesses », pour exercer un métier qui a du moins le mérite de n'être pas malsain.

Les chiffonneries sont à claires-voies, et malgré cela remplies d'une poussière épaisse.

Il semblerait que l'on doit manger toutes les variétés de microbes dans une telle atmosphère ? Il n'en est rien. Seulement, ce sont presque toujours des femmes âgées ou sans coquetterie qui acceptent de travailler parmi cette malpropreté. Il n'est pas rare d'en voir ayant atteint la soixantaine, à califourchon sur les bancs, déchiquetant le chiffon, sans mauvaise humeur, plutôt gaiement, car elles ne connaissent pas le chômage. Elles coupent les étoffes en lanières, les débarrassent de tous accessoires, tels que boutons, agrafes, cuir, etc., etc... Elles en opèrent le tri. Elles portent le chiffon par paniers, dans les *blutes* où ils sont nettoyés.

La journée varie selon la durée du jour, car on ne travaille pas à la lumière. Elle est en moyenne d'un franc soixante-quinze centimes.

Plus agréable est le travail qui suit la fabrication. D'abord il se fait à domicile, et des familles en-

tières s'y emploient, quand on a une machine à
confectionner les registres, les boîtes à papier et à
enveloppes, les sacs, les petits cartonnages, les
cahiers de papier à cigarettes et tous les innombrables objets qui se rattachent au papier et au
carton. Ces travaux, toujours « aux pièces », sont
peu rétribués parce qu'ils sont faciles, sans danger,
sans désagrément aucun, et qu'ils permettent de
rester au foyer.

Je ne saurais prolonger cette nomenclature qui
intéresse peu les lecteurs du livre. Quiconque se
destine ou destine sa fille au dur travail de fabrique, appartient à la population qui en vit, qui en
connaît les fatigues, l'usure spéciale à chaque
métier, les chômages et... les bénéfices.

La condition du peuple ouvrier, et surtout de la
population féminine est toujours digne de compassion. Si parfois des exigences injustes se mani-
festent dans ses masses, il faut pardonner à qui
peina toujours, ne fut jamais suffisamment instruit, et se trouve à la merci des ambitieux politi-
ciens.

LA DANSEUSE

Contrairement à la croyance générale, c'est dans la Danse, — comme aussi parmi les acrobates, — que le Théâtre nous réserve la surprise de decouvrir quelques Vestales — et bon nombre de « demi-vertus », c'est-à-dire : des Régulières dans l'irrégularité.

La Danseuse-artiste... (Ne parlons pas de ces corps de ballet composés de figurantes sachant faire des ronds de jambes)... se livre à un travail extrêmement fatigant. Lorsqu'elle aime son art, il lui tient lieu, au moins assez longtemps, de tout autre amour. Enfin, comme la Danseuse de vrai talent est plutôt rare, on ne lui impose pas... *toujours* les conditions d'engagement trop souvent infligées aux comédiennes et aux chanteuses.

Néanmoins, pour que la Danseuse puisse « faire la loi », elle doit briller au rang d'*étoile*... Et il y a beaucoup plus de nébuleuses que d'astres au firmament de Terpsychore.

Pour faire vraiment carrière on entre à l'Opéra, qui est notre Conservatoire de la Danse, dès l'âge de sept ans. Les cours sont gratuits. L'administration fournit les costumes et les chaussures.

Selon les succès de concours, et après un effort très opiniâtre, on entre dans le quadrille à raison de 800 francs par an, puis 900 et 1.000 francs. Les Coryphées ont 1.800 francs. Les Premiers Sujets, 6 000. Les « Etoiles » font leurs conditions.

Il y a des enfants de la balle qui se contentent très bien de ces appointements assez modestes.

Je me fais scrupule de citer des noms dans ces études d'une nature plutôt délicate, je me bornerai à dire que pour mon compte j'ai connu deux ballerines de très grand talent, entrées dans la chorégraphie par véritable vocation et qui pouvaient être données comme modèle de vertu aux plus parfaites jeunes filles. Une autre, non moins célèbre, n'eut que de rares aventures avant d'épouser un gentilhomme ; et elle les avait « portées » avec une allure que je qualifierai de tout à fait « grande dame ».

N'allez pas conclure de cela que le foyer de la danse puisse être mis en parallèle avec le parloir du couvent. Ne déduisez que cette vérité : si les mœurs irréprochables y sont rares, elles n'y sont pas absolument introuvables.

La santé des danseuses est généralement bonne. La fatigue les fortifie. La régularité implacable des cours, des répétitions, les repos bien gagnés après les représentations, leur sont salutaires.

Les phases critiques de la vie féminine sont par elles très normalement traversées. — « Nous sautons comme les autres marchent », me disait l'une des plus charmantes de notre Académie de musique.

Lorsque l'âge les oblige à quitter le « plateau », c'est-à-dire aux approches de la cinquantaine, elles deviennent professeurs, maîtresses de ballets, organisatrices de représentations, de mise en scène.

Beaucoup ont appris leur état ailleurs qu'à l'Opéra ; mais alors la carrière leur est moins tracée. Certaines étudient les danses excentriques que nous ne pouvons proposer à nos Lectrices. Seules, celles qui sont disposées à les apprendre s'y intéressent. Et celles-là savent où trouver des maîtres.

Très au-dessous, mais parfois fructueuse, est la profession de Professeur de Danse pour les salons.

Il y a des moments de vogue ; il y a l'intelligence spéciale du métier et surtout la question de relations.

Rappelons-nous qu'en cela le début heureux est le gage du succès. On fait rarement « prendre » un cours. Qu'il soit de musique, de langues, de gymnastique, on ne le lance pas en l'annonçant. Il ne faut l'ouvrir qu'avec des éléments. Quand vous commencez par un petit groupe d'élèves, les autres viennent. Mais si vous n'en avez pas, aucune ne veut être parmi les premières. Un cours,

— de quoi que ce soit, — doit être *amusant*, ce qui signifie : vivant. Les élèves ont besoin de l'émulation du nombre ; et les parents ont le désir inexprimé de figurer dans une « galerie » élégante et animée.

Les cours de Maintien, de Callysthénie, sont assez à l'ordre du jour, parce qu'ils unissent le culte de l'hygiène, de la beauté, à la culture des talents mondains.

LA MUSICIENNE

Lorsqu'on appartient à une famille d'artistes il est naturel qu'on la continue, soi-même virtuose et même compositeur. Le chemin est tracé ; les appuis existent ainsi que les relations.

Mais pour la fillette qui est née en dehors de ce milieu, la carrière est bien l'une des plus ingrates que l'on puisse découvrir.

Tout le monde peut apprendre à jouer plus ou moins habilement d'un instrument ; et à cause de cela le nombre des vocations fausses s'accroît considérablement.

Les talents acquis sont innombrables, au point que le public en est las.

Chaque année le Conservatoire décerne avec justice une quantité de Premiers Prix.

Voyons ce que devient la jeune lauréate, même quand la Critique lui a reconnu des dons très personnels, une supériorité d'artiste jointe à celle de la virtuose ?

Aucune femme n'atteint à la célébrité des hommes. Elle ne dépasse pas la grande réputation.

Après avoir travaillé toute son enfance à se faire un mécanisme, elle va, si elle est sage, ou du moins si elle a besoin de gagner sa vie, renoncer à la virtuosité. Ses amis la couvrent de fleurs ; quand elle joue gratuitement, on la fête, on la rappelle !... Si elle affiche un concert, elle ne fait pas ses frais. — Lorsque les instruments se font entendre dans un endroit où l'auditoire n'est pas tenu d'être poli, les conversations ne cessent pas. Proposez aux mondains, pour les réunions, le concours même gracieux des instrumentistes ; — vous les trouverez très... frais.

Je suis désolée de dire des choses aussi dures ; mais je dois la vérité à toutes les mamans qui rêvent de faire de leur fille « une artiste ».

L'instrumentiste devra se servir de son talent, en donnant des leçons et en faisant sa partie soit d'accompagnatrice, soit d'exécutante dans des cas où sa présence étant *utile*, elle peut prétendre à un cachet.

Jusqu'à présent les orchestres de Dames n'ont pas des champs d'opérations nombreux ni très enviables. Ce sont les brasseries et autres lieux publics qui les engagent.

La jeune fille qui veut enseigner doit, même armée de « son Prix », se faire connaître et entendre ; — pour cela : s'habiller, courir de tous côtés, veiller, se déplacer, sourire, gagner les sympathies. Chaque année elle donne son concert qui lui rapporte un peu si ses élèves sont nombreuses, et si elle a joué dans beaucoup de salons ou de réunions de bienfaisance, car alors on lui prend des billets de remerciement.

Les pianistes peuvent devenir accompagnatrices.

Les « tournées » sont absolument onéreuses si l'on ne les entreprend pas sous la direction d'un impresario. Les pères, les frères des jeunes musiciennes ont le plus grand tort de croire qu'ils peuvent remplacer les spécialistes.

Pour entretenir une renommée, les citations dans les journaux sont indispensables. — Et cela se paie.

Quel que soit le talent d'une virtuose, sans relations, il ne saurait être exploité. — Et si par ces relations on a des leçons, il faut renoncer à peu près à cultiver le mécanisme, qui exige des huit et dix heures d'exercice par jour. — Quand on peut se faire une jolie clientèle, on gagne gentiment sa vie, mais d'une manière très fatigante. Et souvent c'est une personne de talent relativement mince qui réussit de la sorte, mieux qu'une femme sortie du Conservatoire.

Le sort de la « petite » pianiste est lamentable. Elle arrive à donner des leçons à 0 fr. 50; à tenir le piano dans des théâtres de marionnettes ou les « beuglants » de dixième ordre.

Aujourd'hui toute instrumentiste est « musicienne ». La lecture des notes lui est un jeu. Il

arrive que poussant plus loin la science elle arrive
à composer, et même à produire des œuvres de
réel mérite.

Elle s'estime très heureuse alors si un éditeur
veut bien les publier sans qu'elle ait rien à dé-
bourser. — Et on l'éditera d'autant moins facilement qu'elle aura de l'originalité, du savoir, car
alors ses productions ne se vendent pas. — La
médiocre, capable d'écrire des pages banales,
qu'elle imposera à ses élèves et à ses amies, aura
plus de chances de les publier.

La véritable artiste, dont un des exemples fut
madame Augusta Holmès, connaît parfois un peu
de gloire, mais rarement le profit. Il peut arriver,
comme il arriva à madame Holmès, que le Gouvernement accorde à son talent une subvention, une récompense quelconque... C'est une
charité déguisée au génie indigent, c'est un verre
d'eau dans le fleuve. — Encore faut-il que celle
qui est l'objet d'une telle faveur soit très protégée.
Augusta Holmès eut aussi un... insuccès à l'Opéra.
— N'oublions pas qu'elle était merveilleusement
belle, ce qui n'a jamais nui.

Donc, la carrière musicale et instrumentale ne
doit être prise que par irrésistible vocation, quand
on est prêt à subir le martyre pour son culte, ou
quand, ayant les éléments de réussite, des relations
et un peu de savoir-faire, on n'a qu'à patiemment
préparer et attendre le succès.

Cette année, le Conservatoire a décerné un prix
de Contrebasse (!!) à une jeune fille qui, évidem-

ment, a eu l'intention, en se vouant à cet instrument, de se faire une immédiate réputation par sa singularité; puis ensuite de chercher sa place dans les orchestres.

Simplement à titre d'indication pratique, j'attire l'attention sur la nouvelle Harpe Chromatique, système Lyon, avec laquelle on peut « faire quelque chose »... — Il en est temps encore ; car dès que l'instrument sera plus généralement connu, la concurrence existera là comme pour le piano.

Toute pianiste bonne musicienne saura très rapidement jouer fort bien de la Harpe Chromatique sans pédales, et dont chaque note a sa corde correspondante. La facilité relative de cet apprentissage va permettre à la Harpe de remplacer le clavier dans une foule d'orchestres, en province particulièrement, où l'on n'a pas toujours les instrumentistes que l'on désire. — De plus, cette Harpe, fort gracieuse, tente beaucoup les jeunes femmes pour l'accompagnement du chant et l'exécution de toute la musique possible. — L'avenir est certainement à cette Harpe Chromatique. Tous les Conservatoires de France et de l'Étranger lui ouvrent une classe spéciale. Je crois le moment favorable pour s'en occuper. Il me semble qu'il y aura des succès de concerts, des leçons et des situations particulières à espérer.

La maison Pleyel enverra gracieusement des brochures intéressantes à lire, même à titre de simple renseignement.

LA FEMME SCULPTEUR

Ce que j'ai dit des Peintres doit être répété à propos des Sculpteurs, avec cette aggravation que ce « métier » est d'un rapport encore plus difficile, qu'il exige une santé plus robuste, et que sa pratique est fort dispendieuse.

On vend rarement la peinture ; mais combien plus rarement vend-on de la sculpture !...

On peint à la rigueur n'importe où, dans un coin d'appartement ; la sculpture exige l'atelier. Dès qu'on veut faire des pièces un peu importantes, il faut la collaboration du mouleur, du fondeur et l'achat du marbre...

La Sculpture demande de la robustesse, car le travail est dur. Il faut manier de lourds matériaux dans le local tantôt chaud, tantôt froid, et prendre des positions fatigantes : debout, les bras en l'air, penchées ou en dessous, selon l'objet qu'on façonne.

L'École des Beaux-Arts reçoit les femmes et leur donne l'instruction gratuite. Elle n'exige qu'une soixantaine de francs une fois payés, remis à la massière, pour les frais d'atelier.

La tenue des élèves est sérieuse, irréprochable.

On peut se préparer aux concours, soit chez des professeurs libres, soit en suivant les cours de dessin de l'École des Beaux-Arts, ou en sortant d'une école de province.

Les épreuves pour le concours d'admission ont lieu en octobre et en avril. Pour se faire inscrire, il faut produire l'acte de naissance, avoir quinze ans révolus et moins de trente. On demande, en outre du dessin, du modelage, une étude élémentaire d'architecture, exécutée en loge et en six heures, plus un travail sur l'Histoire, qui peut être remplacé par un examen oral si la candidate préfère celui-ci à « l'écrit. »

L'avenir de la femme sculpteur, en dehors du professorat, assez limité, car la sculpture ne s'est pas banalisée, — est l'application à l'industrie.

LA CONFÉRENCIÈRE

On s'improvise en général : Conférencière, —
sans avoir fait d'études préalables. On a écrit, ensei-
gné, voyagé... On se sent une certaine facilité de
parole... Les amis vous ont dit : — « Vous devriez
faire des conférences. » — On s'y met... et ça
marche... à peu près... plus ou moins... mal. Le
public est courtois. Il encourage votre *trac*...
Vous luttez quelque temps, puis un beau jour,
vous abandonnez la chose en tant que profession,
soit parce qu'elle ne rapporte rien, soit parce que
vous avez la gorge malade.

Les femmes deviennent de plus en plus avides
de prononcer une allocution dans une assemblée
charitable ou confraternelle. Beaucoup en sont
très capables. Elles ont des mérites divers. Elles
se font écouter, mais dans les milieux de bonne
volonté. — Combien ont réellement la puissance
d'attirer, de séduire un auditoire sceptique ?... J'ai
dit que je ne citerais aucun nom... Par conséquent

je ne veux pas dire laquelle, *la presque unique*, qui selon moi s'impose, non pas seulement parce qu'elle est célèbre, mais parce qu'elle a le don réel de la parole.

On n'est pas orateur parce qu'on est grandiloquent. Il faut même se défier de ce genre pompeux suprémement ennuyeux, cher à nos Officiels. Surtout n'imitez pas les hommes politiques si vous voulez charmer... Soyez : *vous;* restez : *vous;* tâchez de parler sans papiers, car alors vous lisez, mais vous ne « conférencez » pas. N'apprenez pas non plus par cœur... Vous manquerez alors de conviction. Si un mot vous échappe vous courez après, et l'on voit que vous récitez une leçon. — Préparez votre discours; pénétrez-vous-en, ou plutôt ne l'écrivez que quand vous êtes pénétrée de votre sujet au point de pouvoir parler d'abondance. N'ayez que quelques notes et... l'*heure* sous les yeux.

Une conférence, à moins qu'elle soit coupée par quelque chose, ne doit durer que 45 minutes. Au delà, l'attention de l'auditoire se lasse. Plus l'introduction est brève, mieux ça vaut. Abordez toujours le plus vite possible la partie substantielle de la causerie. Cherchez à intéresser par le côté *anecdotes* ou *exemples*, plutôt que par les phrases. S'il vous en vient naturellement, servez-vous en. S'il vous faut les confectionner, n'y perdez pas votre temps. — Ayez mis de l'ordre d'avance dans ce que vous aurez à dire; et le regard sur l'horloge, réglez vos périodes selon la durée que vous leur aurez assignée. Terminez brièvement. — Soyez simple; le public vous sera indulgent.

On a le *trac* parce qu'on n'est pas sûr de soi. A moins de posséder un organe vocal bien placé, et même quand on l'a, il arrive qu'on ne sache pas se servir de sa voix. L'articulation défectueuse ne « porte » pas... On fait des efforts pour se faire entendre, et l'on prodigue son souffle en s'épuisant. — On ne sait où mettre ses yeux, tout comme d'autres ne savent où mettre leurs mains. On se sent gauche, et l'on devine que les applaudissements polis sont inspirés par un peu de compassion.

Je crois que pour conserver la santé du larynx, si l'on veut parler en public, il est nécessaire d'avoir étudié un peu, comme pour jouer la comédie.

Une femme instruite, parlant des langues étrangères, pourrait probablement récolter gloire et profits en allant porter à l'étranger des idées nouvelles et sérieuses sur les « questions » actuelles. On est friand, hors de France plus que chez nous, des séances instructives. Et puis, chez les autres, un solide fonds de connaissances, un talent acquis par le travail, seront très suffisants. Chez nous, si le conférencier, — par conséquent : la conférencière, — n'apporte pas en outre, ses dons personnels : la puissance, ou le charme, ou l'esprit, — bref ce qui ne s'acquiert pas en « piochant » il n'obtient qu'un succès d'estime et *ne saurait gagner d'argent.*

J'ai connu une femme ayant été dans des pays lointains, qui a réussi pendant quelques saisons, grâce à des relations, à faire un semblant de carrière conférencière. Elle n'était pas mal et ne manquait pas d'aplomb. Elle racontait ses voyages en montrant des projections. Les Sociétes de Géographie lui payaient une séance cinquante francs, et quelquefois l'envoyaient en province ou dans les pays frontières de France. On acquittait ses frais de voyage. — Tout alla bien pendant quelques mois. Mais lorsqu'elle eut épuisé le répertoire de ses souvenirs, on vit qu'elle n'avait pas l'étoffe du métier. Elle était incapable de se renouveler.

Une conférencière de mérite peut demander cent francs, en moyenne, par conférence, nets de tous frais. — Si elle a de la nature, des relations et les moyens de vivre sans cet appoint, elle peut devoir à cette carrière de fructueux et très agréables instants.

Pour s'aguerrir : parler gratuitement dans les milieux populaires ; prier des amis de vous gêner, de vous interrompre si possible, et cela sincèrement, traîtreusement, de façon à ,ce que vous appreniez à conserver votre tête et à improviser une réplique au besoin.

Un jour, un spirituel conférencier faisait une causerie à la Bodinière, dans une séance organisée par un harpiste célèbre. — Dans le beau milieu d'un morceau, celui-ci dut remplacer une corde cassée à son instrument. Cela menaçait d'être long et... ennuyeux. Georges Boyer — pourquoi ne pas le nommer — prit l'intermède désagréable pour son compte. Il narra, inventa, rappela des souvenirs, et cela ne fut pas la partie la moins applaudie de la séance.

L'AGRICULTURE

Je crois à l'avenir de l'Agriculture, mais par sa rénovation. Il ne faut plus espérer retenir aux champs, à ramasser des pommes de terre, une fille qui a passé par l'école, et de qui le frère revenu du service militaire raconte les « délices (!) » des villes.

Mais il est certain que ces villes, ayant fourni leur maximum d'attraction, vont perdre de leurs attraits. On en connaîtra mieux les désillusions, les périls, les tristesses. On reviendra volontiers à la nature bienfaisante, — généreuse, aussi! quand on la comprend et que l'on veut bien accepter ses dons.

Seulement il ne faut plus de paysanne ignorante, malpropre, arriérée. L'instruction obligatoire. après avoir jeté sa gourme, fera beaucoup de bien. Elle rehaussera les classes inférieures, en développant les intelligences.

La vraie richesse est dans le sol. Le jour où le paysan ne sera plus superstitieux, rapace, ennemi de tout progrès, la campagne sera délicieuse.

Or, ce jour n'est pas si loin qu'on le pense.

Déjà de nombreuses écoles d'agriculture existent à l'étranger, et nous-mêmes nous en possédons en France quatre ou cinq, et même plus, trop ignorées.

Elles sont du reste, à mon sens, un peu trop « ouvrières » pour satisfaire aux besoins généraux. Elles sont excellentes pour les filles de fermiers et de cultivateurs ; mais il faudrait aussi un enseignement supérieur pour les filles de la classe moyenne appelées plutôt à « diriger » qu'à travailler de leurs propres mains.

Il y a néanmoins des degrés dans l'instruction. Il paraît que l'Ecole pratique de Kerliver (Finistère), et celle du Monastier (Haute-Loire) poussent les études suffisamment loin pour que l'élève puisse prendre la direction d'une ferme, et ne pas seulement y servir avec capacités.

Mais nous n'avons pas, par exemple, une école de *Jardinières*... Ne serait-ce pas une profession tout indiquée pour la Femme? Les labours d'un carré de potager ou d'une pelouse de parterre ne sont pas très pénibles, d'autant que les machines viennent chaque jour davantage au secours de la faible humanité. Puis la Femme délicate pourrait se cantonner dans l'Art du jardin ; apprendre à le dessiner, à l'ordonnancer. Elle aurait le soin des boutures, des semis, des greffes, de la taille des arbustes.

Enfin elle pourrait se spécialiser dans la culture par exemple : des fleurs propres aux essences : des fruits, tels que les fraises; des légumes comme les asperges...

L'Exposition de la Société d'Horticulture voit chaque année s'accroître le nombre de ses participantes.

Puis il y a l'Élevage non pas seulement de la volaille commune, mais des espèces rares, des animaux de luxe : chiens, chats, serins hollandais, lapins russes...

Les abeilles, les vers à soie sont encore une ressource.

Mais il faut bien se persuader qu'à faire de l'apiculture ou de l'élevage en amateur, — ou seulement avec une science d'amateur, — on se ruine. Des connaissances théoriques et pratiques, une expérience prolongée des efforts d'autrui, sont indispensables.

Je crois à la régénération de la race par la Nature, d'ici un demi-siècle, — par une Nature civilisée à laquelle le cours d'eau procurera l'électricité. Alors la paysanne, au lieu de singer la Parisienne en de ridicules toilettes, aura son « costume » comme la sportswoman a le sien, et quittera l'outil quelques instants chaque jour, pour le livre, le chant et la danse.

J'ai idée qu'il est habile de se tourner vers les métiers abandonnés et d'abandonner ceux qui sont en plein succès. L'évolution a des lois ; sachons prendre le vent.

L'INSTITUTRICE

Il n'est pas de profession plus attaquée que celle
d'Institutrice. Et pourtant un grand nombre de
celles qui l'ont embrassée m'ont dit l'aimer et y
trouver un calme bonheur.

C'est que là, comme partout, il y a celles qui
réussissent et celles qui ne réussissent pas ; il y a
les conditions de réussite, sans lesquelles l'existence reste misérable.

On vous montre des masses de jeunes filles
« ayant leurs brevets et mourant de faim... »
parce qu'il y a trop de familles où l'on s'imagine
qu'avec un diplôme on arrive à tout. L'erreur du
bachelier est aussi l'erreur de la bachelière.

Dans « l'Instruction », la femme ne saurait
prendre l'essor de l'homme ; celui-ci souvent se
sert de sa situation pour... en sortir par la porte de
la politique. Mais la femme qui a des goûts tranquilles, réguliers, doublés de la vocation de faire

des prosélytes pour le Bien sous toutes ses formes, est parfaitement heureuse dans cette très noble tâche de former la jeunesse, de préparer la génération future.

Il est certain que si, par ambition, ou trompés par les apparences d'aptitudes qui n'existent pas en réalité, des parents obligent une enfant à des études où elle ne réussit qu'avec effort ; si de plus ils n'ont pas les moyens de l'aider un peu par la suite, elle mène une existence très dure, au fond des campagnes perdues, en butte aux tracasseries provinciales et administratives, condamnée à débrouiller des intelligences obtuses, tout cela pour un salaire dérisoire.

Si, abandonnant l'Université, elle prétend s'affranchir et donner des leçons, elle « court le cachet » jusqu'à épuisement.

Par contre, lorsqu'on aime les enfants ; lorsqu'on a quelques relations, du pain chez soi, et la possibilité de professer véritablement, on trouve dans l'enseignement une carrière honorable, pour laquelle la droiture de la conduite n'est pas une pierre d'achoppement ; — et une carrière aussi qui assure un salaire suffisant pour vivre — non pas le seul salaire d'appoint, si regrettable.

Constatons cependant que l'Institutrice est moins payée que l'Instituteur, et qu'il est fâcheux de voir l'Etat commettre cette injustice.

On déplore le chiffre énorme et sans cesse crois-

sant des jeunes filles qui chaque année « passent leurs examens ». Il est certain qu'elles sont *trop*...
Cependant il faut déduire des candidates futures aux postes enviés, toutes celles qui veulent leur brevet par coquetterie, par mesure de prudence en cas de revers, — et toutes celles qui l'ayant obtenu, renoncent à s'en servir pour une raison quelconque.

Soit dit en passant, il est à remarquer que les brillantes élèves des lycées font les meilleures femmes d'intérieur, les épouses les plus agréables, les mères les plus intelligentes. Le temps est passé où la Femme Savante était ridicule et pédante. Elle était ainsi parce qu'elle était *ignorante* en dépit de ses apparences; et prétentieuse, vaniteuse de sa vaine science.

La femme instruite, aujourd'hui, est simple, bien équilibrée, en bonne posture pour seconder l'homme dans toutes ses entreprises ; et le distraire, le comprendre, aux heures de repos.

L'Enseignement exige des efforts, des sacrifices méritoires, de la patience, de la persévérance.

A Paris seulement on évalue à *douze mille* le nombre des postulantes pour les institutions de l'Etat. On conçoit que le tour de chacune se fasse attendre. L'avancement également est lent, puisque les postes supérieurs sont peu nombreux, et leurs titulaires toujours assez jeunes. De plus, la mort fait moins de ravages que partout ailleurs parmi ces femmes à la vie parfaitement régulière.

La vocation se manifeste de bonne heure chez la jeune fille qui aime l'étude. Je sais bien que s'instruire n'est pas enseigner. Mais comme en général on se plaît à parler de ce qu'on aime, il y a des chances pour que la femme cultivée trouve de l'agrément, ou tout au moins n'éprouve aucune peine, à cultiver l'esprit des autres.

Il faut évidemment jouir d'une vue suffisante pour entreprendre la carrière dans laquelle on va s'en servir constamment. Pourtant les yeux se fatigueront moins que le larynx, lorsque son éducation terminée, la maîtresse professera à son tour.

Je ne crois pas qu'il faille trop « pousser » l'enfant qu'on destine aux « études », ni surtout la faire commencer trop jeune. On se trouve bien de laisser sa vue et son cerveau se fortifier pour supporter l'inévitable surmenage des examens futurs. — Si cette enfant est *organisée*, plus elle commence tard, plus vite elle apprend. Si elle doit être éperonnée, mieux vaut choisir pour elle une autre direction.

Les qualités de caractère exigées sont peu définies. L'ascendant sur les élèves s'obtient par des moyens très divers. Mais il est certain que le vieux type « maîtresse d'école » gourmé, factice, disparaît pour faire place à plus de naturel, de charme, de séduction. — La discipline se voile de justice moins revêche. L'institutrice à bandeaux tirés, à cols plats, n'existe plus. — Si on lui demande le sentiment de sa responsabilité, des manières comme il faut, et une certaine réserve ; on admet, on désire cependant que tout cela soit aimable.

La patience est indispensable avec les enfants difficiles.

On fait les études préparatoires où et comme on le veut. L'instruction complète peut-être obtenue gratuitement en partant de l'École Primaire, en passant par des concours qui ouvrent toutes les portes. On a vu des fillettes assez bien douées pour n'avoir pas eu d'autres maîtres que ceux de l'État, obtenir des dispenses d'âge pour les examens.

Si instruite que l'on puisse être par des leçons particulières et le goût de l'étude, il n'est pas bon de se passer des brevets. Ceux-ci sont indispensables si l'on veut un jour fonder une institution, diriger un établissement existant, ouvrir des cours. Je n'ose dire que l'on ne pourrait exercer sans ces titres officiels, mais on se prive très difficilement de leur prestige.

Le Brevet élémentaire n'a guère de poids. A peine permet-il de donner quelques leçons privées à des personnes mal au courant de l'enseignement, ou désirant apprendre les langues étrangères. Dire à une maman : « J'ai mon brevet... » sans préciser lequel, jette de la poudre aux yeux.

Le Brevet supérieur ne confère aucun droit aux postes officiels. Chaque année il en est accordé de douze à quinze mille, sans conséquence. Seuls ceux des élèves de l'École Normale ouvrent la carrière universitaire.

En sortant de l'École primaire, où l'on reste jusqu'à quatorze ans, on suit des cours complémentaires jusqu'à seize ans, qui préparent soit à l'École annexe de la Normale, soit à l'École Sophie Germain et autres où l'on passe encore deux années.

Alors, après avoir subi l'examen médical on entre à l'Ecole Normale pour se préparer au Brevet supérieur qui. demande encore trois ans d'études. Si l'on échoue, on passe le Concours des Auxiliaires; celles-ci font les remplacements et les classes de garde.

Nous voyons donc une dizaine d'années au minimum, de travail sérieux, pour parvenir à un résultat un peu aléatoire. — On a tellement compliqué les programmes qu'on est arrivé à demander le Brevet de Coupe et de Gymnastique à ces jeunes intellectuelles!... Je dois dire qu'ils ne sont pas obligatoires et qu'ils entraînent le bénéfice d'une légère rétribution quand on s'en sert dans la Première Classe.

On passe par séries d'environ 170 concurrentes qui tous les ans se présentent pour obtenir douze admissions. La limite d'âge est 26 ans.

A la fin des études la jeune fille est certainement très fatiguée. Puis elle traverse encore une période assez agitée, tant qu'elle est stagiaire, sans poste fixe. Mais une fois ce moment passé elle entre dans une vie calme, assurée, très favorable à la santé, je l'ai déjà dit.

Atteindre cette sécurité n'est pas toujours facile. En province, à la campagne surtout, la pauvre institutrice, peu payée, victime des questions de clocher et de la politique, est souvent fort à plaindre. Mais celle qui obtient un poste dans les villes est généralement contente de son sort. — Elle a du temps en dehors de ses devoirs. On tolère qu'elle donne des leçons, qu'elle ait des pensionnaires et des cours chez elle. Les classes de garde ou de vacances, les colonies scolaires lui procurent de petits surcroîts de bénéfices.

Dans l'enseignement, on peut se marier, mais ce n'est pas toujours sans nuire à la carrière. Il faut être célibataire et libre pour se consacrer à sa tâche avec l'ardeur nécessaire afin d'arriver par exemple à la direction d'un Lycée, — ce qui est le bâton de maréchal de la profession. On a 6 000 fr. de traitement, une belle installation, et la Légion d'Honneur en perspective.

Les situations d'Inspectrices sont aussi très enviées. Il y en a d'ordres divers : pour les Écoles Maternelles, les Écoles Primaires, les Écoles de Dessin, les Écoles Professionnelles, l'Enseignement Commercial et les Pensionnats libres. — Elles sont peu nombreuses. — Celles qui doivent faire des tournées par toute la France ont une tâche fatigante.

Mentionnons enfin le doyennat qui confère des privilèges sur lesquels il est inutile de s'étendre puisque rarement on y parvient.

En dehors de l'enseignement officiel, la carrière est aléatoire et parfois douloureuse. On court les risques de ne pas trouver de place dans les institutions, ni de leçons particulières convenables. Celles-ci peuvent tomber à des prix dérisoires; on on en a vues qui, payées au mois, revenaient à 50 centimes l'heure — moins que le salaire d'une femme de ménage.

L'institutrice, dans les familles riches, est exposée aux plus tristes épreuves. Si elle possède quelques attraits, ils deviennent un péril incessant. Dans le cas contraire, elle déplait, même à ses élèves, et vit isolée de cœur au milieu de tout ce qui l'entoure. Reste-t-elle en place quelques années?... Elle y vieillit et se trouve sans situation le jour où l'on n'a plus besoin d'elle.

Les engagements à l'étranger ne valent plus rien. Trop beaux ils sont inquiétants et très souvent trompeurs. Modestes, ils paraissent plus sûrs, mais alors ils sont insuffisants.

C'est en Angleterre que l'on est le mieux rétribué et même on y jouit d'une considération plus marquée. On m'a dit que l'Anglais comprend le devoir d'aider la femme travailleuse; et même que son esprit religieux lui en fait une obligation. Je consigne ici cette observation qui m'a frappée, car elle émane d'une jeune française remarquablement intelligente qui, ayant fait ses études, partit pour Londres afin de se perfectionner dans l'anglais — et ne revint plus, tant elle trouva de différence en France et en Angleterre pour l'exercice de sa profession. — Or cette demoiselle, qui porte un nom fort connu, est fille d'un libre-penseur déterminé. Et c'est elle qui rendit cet hommage aux protestants :

— « On ne parle jamais de religion' là-bas, comme nous en parlons en France dans les familles pratiquantes. On dirait que la Religion est une chose trop auguste pour la mêler aux conversations. Mais il est entendu qu'elle existe au fond de tout. La femme sent sa protection, son soutien, et lui doit une sécurité inconnue chez nous. »

Le Cours est une forme d'enseignement assez lucrative. Cela n'exige pas de frais considérables.

Il est plus avantageux de prendre la suite d'un Cours qui marche bien, que d'en fonder un soi-même, à moins qu'on ne soit très patronnée.

Le Professeur peut écrire des livres, faire des conférences, diriger des promenades instructives.

Les « Palmes », qui furent créées pour les membres du corps enseignant, sont plus difficilement qu'on le croit la récompense de leurs travaux. C'est encore une question de relations.

LES COLONIES

Il est certain que la vie coloniale pourra être un grand débouché pour la femme, mais elle ne l'est pas encore. Ceux qui la pré·onisent par théorie se créent des illusions et risquent d'entraîner les malheureuses qui écouteraient leurs conseils, vers de cruels désenchantements.

Il ne serait pas sage de considérer la Française sous le même jour que l'Anglaise quand il s'agit d'émigration. La dernière y est préparée par son esprit indépendant, par l'exemple d'une foule de ses compagnes mariées à des officiers, à des fonctionnaires; enfin, l'atavisme et les lois qui la protègent lui permettent de s'en aller aux Indes ou ailleurs avec presque autant de tranquillité que nous quittons une ville pour une autre sur notre territoire national.

La Française, fille de femmes qui furent « couvées » par des mères timorées, manque de l'esprit d'initiative nécessaire; sa santé n'a pas la robustesse des Anglo-Saxonnes entraînées par les sports.

Enfin, il faut le dire bien haut : nos colonies déjà mal comprises pour attirer et retenir les hommes, sont absolument hostiles à la femme. Si elle est seule, la position est intenable. L'immoralité des Européens, énervés par le climat et l'ennui, l'assiège de toutes les façons. Lorsqu'elle est mariée, elle ne tarde pas à s'apercevoir que les soins médicaux, par exemple, lui font absolument défaut. La maternité lui devient un perpétuel péril.

En somme, ceux qui incitent les femmes à la vie coloniale sont des conseilleurs qui n'en ont pas essayé eux-mêmes. Ces imaginatifs bien intentionnés ne devront être écoutés que par des caractères très résolus, très audacieux, qui alors auront chance de réussir là comme partout, en dépit des obstacles, parce que ce sont des natures d'exception.

Voilà où en est la question aujourd'hui. Peut-être changera-t-elle de face bientôt ?... Ce serait à souhaiter.

Déjà on me dit qu'une femme docteur réside à Hanoï, et que la municipalité la soutient par une subvention.

Je crois qu'on peut épouser un homme ayant une belle situation dans les pays exotiques, parce que l'argent aplanit beaucoup de difficultés; mais jusqu'ici je n'ai pas d'exemple qu'une femme courageuse soit allée là-bas chercher fortune et l'y ait trouvée.

Néanmoins, si l'on est tentée par l'espoir d'être plus favorisée, on peut se renseigner au Comité Dupleix, 26, rue de Grammont, ou à la Société d'Emigration des Femmes, dirigée par madame Pegard, 44, Chaussée d'Antin.

Une idée personnelle :

Je ne serais pas étonnée que les « pionnières » de la vie coloniale fussent sous peu les Infirmières militaires. On va vite s'apercevoir sans doute que celles employées au Val-de-Grâce pourraient parfaitement se multiplier, former un corps, et s'en aller au loin, partout où va notre armée.

Celles-là se marieraient probablement, ou du moins se soutiendraient entre elles et auraient l'appui de leurs chefs. Ce ne serait plus l'isolement.

Je vois là le début de l'influence féminine et de son succès probable dans les colonies.

Ajoutons que l'Infirmière militaire a une retraite et qu'elle est traitée sur le même pied que toutes les femmes employées par le Ministère de la Guerre.

L'ARCHITECTURE

Je regarderai cette profession comme absolument de luxe. La jeune fille riche pourra s'y adonner par dilettantisme, mais je doute qu'avant long-temps elle puisse lui demander sérieusement des ressources.

Cependant notre École des Beaux-Arts ayant reçu des élèves, — au nombre très restreint de deux ou trois — je ne peux passer sous silence une carrière qui s'ouvre devant la femme.

On peut apprendre l'état chez des architectes, dans les ateliers. Aux Beaux-Arts on ne travaille pas dans l'École, pour la bonne raison, me dit-on, qu'il n'y a pas d'ateliers d'architecture, pas plus pour les hommes que pour les femmes. On se dit élève temporaire ou définitive lorsqu'on a acquis ce titre à la suite d'un concours qui vous per-met de participer ensuite à des examens qui ont lieu à l'École. On vient y faire consacrer la science cultivée ailleurs.

Les conditions du concours sont les mêmes que celles de la Peinture : acte de naissance, qualité de Française ou recommandation de l'ambassadeur du pays auquel on appartient. Limite d'âge : au moins seize ans, au plus trente ans. Puis entrée en loge pour une composition qui vous permet, lorsqu'elle a été satisfaisante, d'être admise à prendre part aux épreuves suivantes :

1° Dessin d'une tête ou d'un ornement d'après le plâtre, exécuté en huit heures ;

2° Modelage d'un ornement en bas-relief d'après un plâtre, exécuté en huit heures ;

3° Exercices de calcul faits en loge, dont un de calcul logarithmique ;

4° Examens d'arithmétique, d'algèbre et de géométrie élémentaire ;

5° Epure de géométrie descriptive appliquée à une projection d'architecture, faite en loge en huit heures ;

6° Examen de géométrie descriptive ;

7° Epreuve d'histoire, qui consiste en un examen oral et une composition écrite.

Pour l'instant je n'en saurais dire davantage.

LA CHANTEUSE

Nous avons vu combien pénible, malgré ses apparences brillantes, est la carrière théâtrale.

Nous savons aussi combien dur est le sort des instrumentistes.

Entre ces deux métiers se place celui de Chanteuse hors la scène, qui n'est pas non plus tout rose, mais qui souvent donne de grandes satisfactions.

La Voix est un don précieux, qui exige relativement peu de travail, car tout effort lui nuit. Il est indispensable de l'exercer, mais sans jamais la fatiguer.

Je ne pense pas qu'on ait intérêt à hâter les études vocales. Il vaut mieux préparer la jeune fille à celles-ci en la rendant solide musicienne. Et encore évitera-t-on le solfège, ou du moins son abus. Les tâtonnements de l'organe sous la conduite de maîtres maladroits, éraillent la gorge, lui font prendre l'habitude des mauvaises émissions. La dictée musicale remplace la plupart du temps très avantageusement le solfège.

Malgré des exemples qui sont des exceptions, la jeune fille ne doit commencer à travailler sa voix que vers 17 ou 18 ans.

Ne voulant pas faire du théâtre, elle songe à chanter dans les concerts, dans les salons, à donner des leçons, à ouvrir des cours.

Je lui conseillerai donc d'utiliser ses loisirs à la culture des langues étrangères, de façon à obtenir la faveur des élèves américaines, les meilleures de toutes. L'anglais, l'espagnol, l'italien, voilà le principal.

Je sais que pour le « grand art », l'allemand est très prisé. Je crois qu'on peut laisser le chant germanique aux Allemands — et même *il bel canto* aux Italiens. Chaque peuple a son génie qui lui sert à l'interprétation supérieure de sa musique.

Je me prononce nettement en faveur de la méthode italienne et de l'enseignement à la femme par la femme, au moins pendant les premières années de travail. L'exemple vocal, même faible et donné par une voix usée, ou tout au moins la connaissance de la voix féminine, par la propre expérience du professeur, est selon moi indispensable. L'homme ne connaît le gosier du soprano ou du contralto que théoriquement. Cela ne vaut pas le savoir de celle qui a chanté. — Le maître donnera aux voix déjà posées un coup de fouet, un *chic* peut-être supérieurs à ceux dont la maîtresse de chant serait capable ; mais pour la pose de la voix il n'égalera pas la cantatrice, à la condition bien entendu que celle-ci ait, ou ait eu du talent.

Jamais on ne regrettera non plus d'avoir pendant longtemps exercé le médium seul de la voix. Les anciens maîtres ne permettaient pas aux soprani de dépasser l'*ut* au-dessous de la portée, ni le *la* au-dessus. Ils étaient dans le vrai. Ils restaient dans les limites naturelles. Le temps seul, en développant complètement la jeune fille, permet de reconnaître si elle sera un mezzo, un soprano aigu, et même quelquefois un contralto, — bien que celui-ci se révèle plus vite.

Les professeurs sont portés à se forger des illusions. Leur désir de trouver une voix exceptionnelle les fait tirer sur les malheureux organes qui s'offrent à leur direction, tantôt pour les faire monter, tantôt pour obtenir du grave. En restant mezzo-soprano au moins pendant un an, dix-huit mois, on ne perd pas son temps, on ne risque rien, et l'on se fait un clavier sans « trous », qui de lui-même s'allongera de quelques notes — de beaucoup de notes, — si la nature le veut bien.

Supposons notre jeune artiste douée d'un talent non pas transcendant, car alors elle s'imposerait sans effort à l'admiration enthousiaste de tous, mais en possession d'un talent très réel, consciencieux...

comme il y en a énormément... trop !... car ils se font concurrence... Que fera-t-elle?

Elle se fera entendre. C'est la meilleure réclame. Où?

Dans les salons, dans les concerts de bienfaisance, et pour les autres artistes qui demanderont son concours.

Cela ne lui rapportera rien. Cela lui coûtera même des toilettes, des gants, des voitures... Si elle a un peu de chance, beaucoup de charme, pas mal d'apparence, de précieuses relations, elle arrivera certainement à une jolie situation — peut-être pas tout à fait aussi jolie qu'elle en aura l'air. Cependant il ne faut décourager personne. Et nous devons reconnaitre que quelques chanteuses gagnent beaucoup d'argent.

Le professorat est l'avenir proche de la cantatrice. La voix s'en va avec la jeunesse. Si l'on réussit comme soliste, et qu'on puisse interpréter les grandes œuvres dans les grands concerts d'orchestre, il ne faut pas donner trop de leçons, afin d'éviter la fatigue. Mais on en peut donner, d'autant plus qu'en enseignant on étudie, on se perfectionne soi-même étonnamment, — et vers la fin de la carrière, cela prolonge celle-ci.

Chaque année on a *son* concert. On fait la « carte forcée » à tous les gens pour qui l'on a chanté; aux familles des élèves, aux compositeurs mondains dont on contribue à répandre les œuvres.

Plus modestement les petits professeurs peuvent

faire partie des chœurs, genre Conservatoire, Lamoureux ou autres. On trouve des leçons dans les
pensionnats... rarement pourtant, car les parents
en général ne font apprendre la chant à leur fille
que quand elle a terminé ses autres études.

Jamais il ne faut commettre la faute d'avoir
affiché un cours sans en posséder d'avance les
éléments. Les élèves ne se recrutent plus par voie
d'annonce. On se les dispute. On ne les obtient
que par relations, par chance de « milieu ». Certain professeur peu connu fait de très belles années
avec une clientèle bourgeoise obscure, mais riche
et large ; — alors que d'autres, au nom très répandu,
recueillent plus de flatteries que de profit.

La chanteuse hors du théâtre peut rester tout ce
qu'il y a de plus respectable.

MÉDECIN-DENTISTE

C'est une excellente profession, pour laquelle il
y a des débouchés, parce que les progrès de
l'hygiène ont enfin fait comprendre que tout le
monde doit se soigner la bouche, par propreté,
par coquetterie, par respect d'autrui.

Il y a encore vingt ans, en province, on regar-
dait comme une recherche prétentieuse le soin
quotidien des dents. — Aujourd'hui on commence
heureusement dès l'enfance à en prendre l'habitude. De plus, les merveilleux travaux des maîtres
du genre, entre autres du docteur Bing, inventeur
du célèbre « Bridge », du « *Pont* », ne permettent
plus à personne d'avoir une bouche édentée.

Comme la population tout entière est plus ou
moins tributaire du dentiste, il y a certainement
beaucoup à faire, surtout pour les praticiens qui
consentent à aller s'établir dans des pays où ils
n'ont pas à redouter la concurrence trop grande.

La profession autrefois ne comptait pas parmi celles dont on se glorifiait. Cela tenait au préjugé antique que l'on avait contre les « arracheurs de dents. » — Nulle étude n'était exigée. Se faisait « dentiste » qui voulait. Il va sans dire que dans de telles conditions, les charlatans abondaient.

La loi oblige maintenant à des examens. L'enseignement est donné officiellement dans des écoles dentaires, et le diplôme de chirurgien-dentiste est devenu des plus honorables.

Une femme peut se décider assez tard à devenir Dentiste. Souvent on ne commence les cours qu'après vingt ans. Trois années suffisent pour pouvoir exercer. Les dépenses ne sont pas excessives.

On prend ses inscriptions à Paris et dans quelques grands centres provinciaux.

Lorsqu'on s'établit à son compte, il se passe du temps avant qu'on ait la clientèle. Il peut être bon de s'associer avec un praticien fatigué, désireux de céder son cabinet.

Seulement, en raison des capacités, du capital engagé et surtout des relations dont on peut faire profit, il est certain que l'on gagne très largement sa vie, — beaucoup plus aisément que dans la pratique de la Médecine, par exemple.

Il faut une santé suffisante et certaines aptitudes pour travailler debout une grande partie de la journée. La vue doit être bonne, l'haleine saine, la main habile. Toutefois il n'y a pas d'exigences absolues. On supplée à un don qui vous manque par une qualité dominante quelconque.

Du reste voici une très sûre interview prise par une obligeante amie, à madame le Dr Fresnel, de Paris, à notre intention. L'avis d'une professionnelle ayant réussi dans les conditions normales, s'étant fait la jolie situation moyenne qui est celle à laquelle raisonnablement vous mènent le savoir et la bonne conduite, sans l'aide de contingences extraordinaires, est tout ce qu'il y a de plus précieux.

Obtention du diplôme :

Pour avoir le droit d'exercer la profession de chirurgien-dentiste il faut :

1° Obtenir, en Sorbonne, le certificat d'études primaires supérieures, exigé pour l'admission à l'Ecole Dentaire ;

2° Suivre pendant trois ans les cours de l'Ecole Dentaire ;

3° Suivre pendant un an des cours spéciaux à la Faculté de médecine.

Dans le courant de cette dernière année il y a lieu de satisfaire à trois examens, le dernier permettant d'obtenir le titre de chirurgien-dentiste.

L'ensemble des études est donc d'une durée minimum de *quatre ans*. Les frais de cours et d'inscription s'élèvent environ à *mille francs par an* (inscriptions, cours à l'Ecole Dentaire, droits de service dans les hôpitaux, droits de dissection à la Faculté de Médecine, droits d'examens à la Faculté de Médecine).

Il n'y a pas de limite d'âge pour l'admission à l'Ecole Dentaire et on peut y entrer à partir de seize ans.

Ces études peuvent être faites à Paris et dans toutes les villes de province possédant une Faculté de Médecine qui prépare les examens de Chirurgien-Dentiste : à Paris, Bordeaux, Lyon, Marseille, Nancy.

Installation d'un cabinet :

L'installation d'un cabinet de dentiste, achat d'instruments, de mobilier spécial, etc., s'élève, pour Paris, au minimum à *4.000 francs.* Cette somme sera facilement triplée et quadruplée si l'on se munit d'appareils très perfectionnés.

Les frais généraux sont assez considérables. Le loyer à Paris. ne peut, sauf dans les quartiers excentriques, être inférieur à *2.000 francs.*

L'appartement doit comprendre, en dehors du logement personnel, un salon d'attente, un cabinet d'opération, un atelier pour la prothèse dentaire. A considérer : que la maison doit avoir excellente apparence avec un escalier clair et convenable.

A tenir compte dans les frais généraux : de l'éclairage et du chauffage des deux pièces réservées à la clientèle ; des frais de domestiques ; une seule personne ne pouvant suffire à l'entretien, aux courses du ménage et à l'introduction des clients, une femme de service supplémentaire est au moins nécessaire le matin ; de l'entretien des instruments, de la fourniture des médicaments et des matières premières : ciment, or, platine, porcelaine, gutta, etc., nécessaires pour les soins et la prothèse ; de la patente, de l'assurance, des menus frais tels que : abonnements à des périodiques médicaux et aux publications mises à la disposition du public dans le salon d'attente.

En résumé la dépense par an ne peut guère être inférieure, en adoptant une vie courante très simple, — à *dix mille francs*.

Comment se forme la Clientèle :

Une clientèle de dentiste comme une clientèle de médecin, à Paris, se forme essentiellement *par relations*.

En dehors de la clientèle de relations il y a un peu de clientèle de voisinage et un peu de clientèle envoyée par les médecins ou par les pharmaciens. Les dentistes qui ont le souci de la dignité de leur profession s'interdisent la publicité. Cette dernière ne convient qu'aux gros établissements, cliniques et instituts dentaires.

Les médecins ne peuvent pas être d'un grand secours pour une femme dentiste, car ils adresseront toujours de préférence leur clientèle à ceux de leurs confrères, docteurs en médecine, qui font de l'art dentaire.

Les pharmaciens peuvent être d'une aide plus

efficace. Il serait bon de chercher, en s'installant, à s'assurer la bonne volonté et l'obligeance de plusieurs d'entre eux.

Le temps nécessaire à la formation d'une bonne clientèle est variable. Le genre d'installation adopté, la qualité et l'efficacité des relations. l'habileté et les agréments personnels, la chance, le savoir-faire sont autant d'éléments qui concourent à rendre plus ou moins longues les étapes vers la réussite.

Si l'on débute dans des conditions peu favorables, il faut compter dix ans avant de gagner sa vie.

Durant les premières années le chiffre d'affaires ne pouvant guère s'élever à plus de deux, trois ou quatre mille francs, on se trouve en déficit; vers la cinquième année on commence à couvrir les frais, au-delà de la dixième année on peut réaliser des bénéfices.

La profession n'est donc abordable que si l'on possède un petit capital capable de subvenir aux frais des études, de l'installation et aux premières années de pratique.

Un bon cabinet dentaire, établi depuis une quinzaine d'années, dans un quartier moyen, peut donner un chiffre d'affaires annuel de 20.000 fr. Le nombre de femmes-dentistes est encore assez restreint pour que chacune d'elles puisse grouper une clientèle importante qui trouve leurs soins plus agréables que ceux de leurs confrères masculins:

Inconvénients et avantages de la profession :

La profession de chirurgien-dentiste est de celles qui exigent une grande assiduité.

Pour arriver au chiffre d'affaires cité plus haut, à le réaliser dans un quartier moyen où le prix des soins courants pour une dent ne peut guère dépasser 10 francs — il faut donner à la clientèle, pendant six jours de la semaine, environ 8 heures de son temps par jour, — 9 heures à midi, 1 heure à six heures. — Si l'on ajoute à cela le temps passé dans l'atelier de prothèse pour la préparation des pièces (râteliers, etc.), on arrive aisément à un total de 10 heures par jour.

Il est possible de prendre chaque année de quinze jours à trois semaines de vacances.

On a en revanche l'avantage, toujours apprécié par une femme, d'exercer chez soi, d'être indépendante, et de n'avoir à craindre ni les caprices, ni la mauvaise fortune d'un chef ou d'une administration.

Santé, aptitudes spéciales, etc. :

Il n'est pas nécessaire de posséder une grande force musculaire, même pour l'extraction des dents; mais il faut une santé très résistante à cause de la somme quotidienne de travail à fournir et de l'obligation où l'on est d'être sans cesse debout.

Il faut de l'adresse, de la douceur, de l'attention, du sang-froid et un système nerveux bien équilibré.

Les a-côté du métier :

Les dentistes-hommes qui n'ont pas les avances nécessaires pour s'établir ont la ressource d'entrer comme opérateurs dans les grandes cliniques dentaires. Jusqu'à présent les femmes n'ont pas pu bénéficier de cet avantage ; seule une méfiance de la part de leurs confrères masculins les en tient encore éloignées. Peut-être reconnaîtra-t-on par la suite que leur présence dans ces sortes d'établissements donnerait satisfaction à la clientèle féminine.

Un conseil :

Il paraîtrait qu'une des raisons de l'exclusion des femmes des grandes cliniques dentaires serait, en dehors de la négligence que trop souvent elles apportent dans leurs études leur manque d'exactitude à observer les prescriptions d'antisepsie qui leur sont faites.

Une femme qui s'établit comme dentiste se montrera habile en affichant très ostensiblement une extrême minutie de propreté. L'art dentaire s'éloigne de plus en plus du charlatanisme des arracheurs de dents ambulants, pour se rapprocher jusqu'à s'y confondre, avec l'art médical et chirurgical.

Surtout dans les quartiers élégants pour les habitants desquels les précautions d'hygiène sont autant une mode qu'un souci de santé, on n'exagérera jamais trop une mise en scène de sanatorium.

Salon d'attente très net et peu meublé, cabinet d'opération passé au ripolin, sans tentures, sans fauteuils de velours, sans aucun nid à microbes. La dentiste recouvrira sa robe d'une blouse d'infirmière. Les instruments dont elle se sert seront retirés en présence du client de l'étuve à stérilisation. En un mot elle ne devra rien omettre de ce qui peut rassurer le patient contre les dangers d'une contagion toujours possible.

Dans des quartiers plus populaires, tout en observant les mêmes précautions, il sera plus adroit peut-être de les prendre moins ouvertement et de ne pas effrayer la clientèle par une atmosphère et une physionomie d'hôpital.

Un peu d'histoire :

Il y a vingt-cinq ans seulement que la profession de chirurgien-dentiste a été abordée par les femmes.

C'est en 1882 qu'une veuve de fonctionnaire, madame Martinot, eut l'idée d'aborder la profession de chirurgien-dentiste, après avoir reculé devant la longueur des études médicales proprement dites.

Elle fonda donc le premier cabinet dentaire féminin et elle le fonda avec succès. Sa fille entra dès seize ans à l'École dentaire, obtint son diplôme avec éclat, se maria avec un de ses confrères, et le jeune ménage de chirurgiens-dentistes lui succéda.

Ainsi le cabinet, fondé en 1882 par une initiative féminine, subsiste toujours et n'a pas cessé de prospérer.

Je ne crains pas d'ajouter aux lignes précédentes, d'une documentation si sûre et si précieuse, que, selon moi, c'est la clientèle départementale qui offre le plus de ressource aux commençantes. Je sais que les bons dentistes sont rares en province; que les pires charlatans y gagnent de l'argent!... On m'a cité une petite ville où un cabinet dentaire est tombé par héritage entre les mains d'un cocher. Celui-ci s'est entendu avec un arracheur de dents quelconque, qui en continue l'exploitation. Il charcute ses infortunés clients et s'enrichit peu à peu malgré cela.

La femme dentiste serait très bien vue des familles départementales qui souvent n'hésitent pas à faire un voyage pour aller trouver un praticien sûr dans une grande ville.

L'EMPLOYÉE DE BUREAU

Partout maintenant nous voyons des femmes aux écritures, aux coupons, aux tickets, et surtout à la « machine à écrire ». — Celle-ci a tué la « belle écriture », qui cependant est toujours exigible des comptables et caissières.

Il n'y a pas encore bien longtemps, une bonne Dactylographe pouvait gagner gentiment sa vie, chez elle, en faisant des copies pour les auteurs, ou autres travaux. Mais la concurrence est venue détruire cette ressource, du moins à Paris. Il est difficile de se faire une clientèle. D'abord les gens de lettres veulent la copiste intelligente, capable de donner une tournure typographique à leur prose, d'ajouter une virgule oubliée, de corriger un lapsus, et de ne pas faire de sottes *coquilles*. — En général ce sont les employées qui ont le plus d'occasions de trouver du travail, par connais-sance, en dehors des heures de présence au bureau. Les autres en cherchent presque vainement.

L'Employée aspirante peut trouver une place chez les particuliers, dans les magasins, les grandes banques et industries, et surtout dans les entreprises de l'État.

Elle peut être à la comptabilité, à la correspondance, aux services divers.

Pour l'apprentissage nécessaire, il y a des cours du soir et des écoles spéciales. — On peut suivre ces cours par correspondance. — Ils sont plus ou moins complets.

La vie d'employée est monotone. Par cela même, elle convient à certaines natures calmes, pondérées, ordonnées. Lorsqu'on a la chance d'entrer dans de bonnes maisons, on est tranquille, sans aléa, sans chômage. — Si par force majeure on vient à perdre la place que l'on avait, on en retrouve assez facilement une autre, parce qu'on est « recommandable... » Cependant l'âge est un grand ennemi. Il est très malheureux par exemple d'être mise à pied par la cessation d'affaires du patron, alors qu'on n'est plus jeune.

Pour cette raison et pour une foule d'autres, il est bon d'appartenir à de grandes administrations solides, où le renvoi est inconnu, sauf cas de culpabilité avérée. Seulement l'accès en est très difficile, parce que les filles, les sœurs, les femmes d'employés ont la préférence, très légitime, des directions. Les hautes protections elles-mêmes échouent contre le droit moral des collaborateurs de l'entreprise.

En général il y a des examens, et il peut arriver qu'on reste très longtemps simple auxiliaire.

Les grades élevés existent rarement pour les femmes. Le salaire ne dépasse guère 4 francs par jour. Mais le travail n'est pas très-dur ; les heures de présence sont assez réduites pour que les soins du ménage ne soient pas complètement sacrifiés. L'existence est régulière, calme, comme il faut. — Certains avantages sont réservés à cette classe de travailleuses considérées.

Il est impossible de donner le détail des places, des salaires, des conditions d'admission, qui à quelques variantes près sont les mêmes partout. Lorsque l'on a fait les études préparatoires voulues, il est bon de s'informer des règlements de l'administration à laquelle on souhaite d'appartenir. Ils peuvent subir des modifications à l'instant même où je note ces vues d'ensemble.

Administrations privées.

Pas de concours. Généralement on adresse une demande au chef du personnel ou à l'administrateur. Si on peut la faire apostiller, cela ne nuit pas. La forme, l'écriture de cette pièce est la meilleure des recommandations. On mentionne les diplômes, les certificats, les antécédents que l'on peut avoir.

Une espèce d'interrogatoire est la seule formalité d'admission... Chaque maison a ses exigences.

Chemin de fer Métropolitain.

On estime qu'il y a environ trois mille candidates pour cinquante places. Et encore il y a tendance à diminuer là, comme un peu partout, les admissions. Les cadres sont remplis. On ne crée pas de nouveaux postes. En général on s'aperçoit, si féministe que l'on puisse être, que la femme demande trop souvent des congés de maladie. C'est peut-être pour cela que les employés de l'État ne peuvent se marier qu'avec autorisation supérieure.

J'ai été frappée de la navrante lassitude des pauvres distributeuses de tickets le soir, alors que pour les derniers trains, il n'y a presque pas de voyageurs. Elles dorment, accablées autant par l'ennui que de leur lassitude. Songez à l'insipide besogne qui consiste à pousser devant soi un morceau de carton, et à n'avoir pour intérêt que le soin de ne pas se laisser « filer » de la fausse monnaie !... Il y a des professions plus effrayantes que l'esclavage.

Chemins de fer.

L'*État* recrute ses employées par des concours périodiques.

L'âge est de 16 à 29 ans. — On fournit les papiers d'usage, y compris l'extrait du casier judiciaire.

Les traitements varient entre douze et quinze cents francs. On reste stagiaire pendant trois années, puis on touche de trois à cinq francs par jour.

A côté de l'employée du bureau il y a les garde-barrières, les garde-sémaphores, les chefs de halte, les lampistes, les petits emplois aux imprimés, à la salubrité... Ce sont en général des femmes mariées aux gens du personnel de l'exploitation. Les Compagnies quelles qu'elles soient ont une juste bienveillance pour ce petit monde. Elles recrutent leurs agents volontiers parmi les enfants de ces modestes serviteurs. Elles réservent à ces familles des avantages de parcours.

Les règles des diverses Compagnies sont à peu près unifiées, les différences entre elles sont peu sensibles.

A l'*Ouest* on exige la nationalité française, cela va sans dire; puis aussi que l'on soit fille ou sœur d'agents de la Compagnie.

Une demande est adressée par celle qui se trouve dans les conditions voulues, à « M. le Directeur », pour entrer dans les bureaux comme sténographe-dactylographe, ou sur la ligne, comme receveuse. Si l'on a été employée quelque part, on le mentionne, en disant également l'âge que l'on a.

Au bout d'un temps plus ou moins long, selon les besoins du service, on reçoit une convocation pour passer un examen qui se compose d'une dictée, d'un problème sur les quatre règles. Lorsqu'il s'agit des emplois sur la ligne, il y a un bordereau à remplir.

Aucun brevet n'est exigé. Si l'on en possède un, il ne dispense pas de l'examen.

Paris-Lyon-Méditerranée, ayant un réseau énorme, emploie beaucoup de femmes prises dans les familles de ses employés. Il y en a dans les gares, au service central, dans les bureaux investies du titre de chef ou sous-chef de station, télégraphistes, téléphonistes, aides-receveuses. On est admis de 16 à 34 ans. — La rétribution s'élève de 60 à 200 francs par mois. — Les permis de circulation, les facilités de parcours pour les parents, les soins médicaux, la demi-solde en cas de maladie, six à dix jours de congé payé chaque année... voilà ce qui suffit à séduire un nombre énorme de postulantes.

L'Orléans admet les filles et sœurs de ses agents à l'âge de 18 ans. — Après trois années, on commence à toucher tous les ans au 1er janvier deux mois d'appointements, à titre de gratification; et la Compagnie verse 10 pour 100 du traitement annuel à la Caisse des dépôts et consignations, *non retenus* sur les salaires, pour établir une retraite. Lorsqu'on entre après l'âge de 32 ans, on ne peut participer à cette retraite.

Je sais que les Administrations sont très critiquées par des personnes autorisées, qui ont fait des enquêtes sérieuses, beaucoup plus sérieuses que la mienne. Moi, je ne cherche pas quelles sont les réformes à réaliser. Je constate ce qui est, je le dis aux femmes qui veulent gagner leur vie, — et c'est tout. A elles de juger si leur désir se trouve comblé par le programme que je mets sous leurs yeux.

Évidemment le traitement des employées de chemins de fer est mince ; il est encore diminué souvent par la retenue en vue de la retraite. Les hauts emplois leur sont interdits... On affirme même que trop souvent on les fait travailler dans des locaux malsains, sombres, malpropres... J'enregistre tout cela, heureuse de me faire l'écho des réclamations qui peuvent être justes. Les grandes Administrations par leur puissance se mettent au-dessus des lois, tant que l'opinion n'a pas élevé sa voix vigoureusement contre elles. Je laisse la responsabilité des critiques à ceux qui les ont émises.

Dans toutes les gares on remarque les bibliothèques des librairies Hachette et Flammarion. Elles sont tenues par des parentes d'agents des diverses Compagnies. La rétribution est de un à cinq francs par jour, selon l'importance de la gare. Le service est parfois de si longue durée que la titulaire doit se faire aider, — à ses frais bien entendu.

Le Contrôle commun aux sept grandes Compagnies recrute toutes ses employées dans les familles de ses agents. — L'examen est très simple. On doit avoir 18 ans au moins.

Sept heures de travail. Traitement 3 francs par jour, jusqu'à 160 francs par mois. — Retraite qui peut atteindre 700 francs. — Travaux supplémentaires, payés 0 fr. 50 l'heure. — Soins médicaux. Demi-solde en cas de maladies. Trois semaines de repos payé pour les couches. Congé annuel de 15 jours... Gratification. Circulation gratuite sur tous les réseaux.

Ce service est un des meilleurs à signaler. La tenue est bonne ; les mœurs très convenables. La question de la nourriture, si capitale, est simplifiée par l'installation d'un grand réfectoire avec réchauds à gaz, permettant une cuisine sommaire. — Puis aussi la facilité et la gratuité des transports donne à beaucoup la possibilité d'aller déjeuner chez soi.

Je ne m'étends pas davantage sur cette catégorie d'employés. Je la mentionne pour satisfaire la curiosité des lecteurs. De plus amples détails seraient superflus, puisque cette carrière est réservée à un groupe spécial de femmes qui en savent plus que moi sur les chemins de fer.

Postes, Télégraphe, Téléphone.

Les examens équivalent au brevet élémentaire. Ils se font selon les besoins du recrutement par voie d'affiches émanant du ministère de l'Intérieur. Il y a toujours une moyenne de cinq mille concurrentes pour un millier de places.

On conseille de consulter le *Courrier des Exa-*

mens des Postes, Télégraphes et Téléphones, utile pour guider la préparation aux concours.

L'âge exigé est de 18 à 25 ans, en comptant au 1ᵉʳ janvier de l'année du concours.

Les emplois sont très désirés, bien qu'assez fatigants. Souvent on ne les obtient qu'après un assez long stage avec le titre d'*aide.*

La journée de travail est d'environ huit heures. On gagne de onze cents francs à deux mille huit cents, augmentés dans quelques grandes villes d'une indemnité de séjour fort minime, puisqu'elle n'est que de trois cents francs pour Paris.

On a une retraite après trente années de service et à soixante ans d'âge.

Ici encore, paraît-il, se produit l'injustice de l'infériorité des salaires féminins.

A cela on vous répond que malgré le recrutement libre, les places sont par privilège réservées aux filles, femmes, sœurs d'employés de l'administration. Et que les émoluments viennent en augmentation sur ceux du chef de la famille.

Mais toutes les postulantes n'ont pas un père, un frère ou un époux dans les bureaux. Parmi les privilégiées nous voyons encore les élèves des maisons d'Education de la Légion d'Honneur. En général, quand elles sollicitent ce travail, c'est qu'elles sont sans appui.

La Receveuse, en province, est assez bien traitée. Fonctionnaire indépendante, logée, elle peut se marier, élever ses enfants, dans un milieu sain à tous les points de vue... Il est fort difficile d'obtenir ces places.

Presque toujours on a été « Aide » pendant deux ans avant de se présenter à l'examen définitif. Ce stage donne un tour privilégié sur les concurrentes ordinaires. Mais cette période d'apprentissage très souvent gratuite, quelquefois payée vingt sous par jour, est fort ingrate. L'Aide n'a droit à aucun congé, à aucune faveur sur les chemins de fer. Elle est astreinte de sept heures du matin en été, et de huit heures en hiver, jusqu'à neuf heures du soir en moyenne.

L'Aide est choisie par la Receveuse. Elle a treize ans au moins, et doit subir un examen d'orthographe, d'écriture, d'arithmétique et de géographie. Au bout de deux ans, si elle n'a pas vingthuit ans, elle peut concourir pour passer employée.

L'employée ayant vingt-cinq ans et trois années de services bien notés, peut conccurir pour une Recette. Sont favorisées les parentes des agents retraités ou décédés en activité de service, et aussi les veuves, les filles des fonctionnaires de l'Etat morts en fonction.

Le traitement de la Receveuse s'augmente de quelques bénéfices : remise sur la vente des timbres (1 pour 100), recouvrements, opérations de Caisse d'épargne, etc., etc... La Receveuse a de grandes responsabilités. Elle doit être présente à l'arrivée du premier courrier, généralement entre cinq et six heures du matin. Elle ne peut quitter

le bureau que la dernière — tel le capitaine à son
bord — et après l'ultime distribution du jour.

Si elle est astreinte à la « présence », en revanche,
elle a des occupations plus variées, plus intéressantes que celles des employées, condamnées à
des besognes monotones, énervantes — et même
exaspérantes, comme celles des infortunées demoiselles du téléphone, dont la tête est empri-
sonnée sous le casque sonore, et la patience mise
au service des abonnés capricieux et grossiers.

Les stagiaires et télégraphistes suivent des
cours avant d'affronter l'examen définitif. Les stagiaires Téléphonistes sont appelées à faire-le service au fur et à mesure des besoins. — Le traitement est de deux francs par jour ; deux francs
cinquante à Paris.

Les surveillantes reçoivent, en sus de leurs
appointements, une allocation spéciale de deux,
quatre ou six cents francs qui ne sont jamais dépas-
sés et que l'on n'obtient qu'après dix ans de services.

Les Employées ont la demi-place en chemin de
fer, et sont payées entièrement pendant les maladies n'excédant pas trois mois. Au-delà, elles
n'ont que demi-solde.

Les Téléphonistes sont un peu plus payées que
les autres employées. Mais l'existence est plus
dure. Il est rare qu'après deux ans on ne soit pas
très fatigué. L'Employée demande alors à passer
aux Postes, et elle obtient la préférence sur celle
qui n'a pas mérité cette faveur par le travail
pénible du téléphone.

La Caisse d'Epargne postale n'impose pas de nouveaux examens, à moins qu'on y aspire sans être de l'Administration. Le traitement est un peu plus élevé que celui des Postes. L'avancement régulier a lieu de deux en deux ans.

On travaille de neuf heures à cinq heures, avec repos qui permet de déjeuner — et de faire même une courte promenade dans le jardin de l'hôtel, sis à Paris, rue Saint-Romain.

Des succursales existent en Algérie et dans les départements.

Les concours n'ont lieu que selon les besoins du service. Il se passe souvent des années sans qu'il en soit annoncé ; et alors, il y a deux mille postulantes pour deux cents emplois.

Naturellement les recommandations jouent un rôle considérable dans le jeu des nominations.

Un très grand nombre des employées de l'Etat sont mariées, soit qu'elles aient épousé déjà de petits fonctionnaires qui les ont fait admettre dans les administrations, soit au contraire qu'elles aient trouvé un mari, parce qu'elles occupent une place modeste mais de tout repos.

Un récent arrêté du sous-secrétaire d'Etat des Postes rappelle d'abord qu'une employée doit toujours, avant de contracter mariage, demander l'autorisation de l'Administration. Il spécifie ensuite que dorénavant il est interdit à toute « dame employée d'épouser un employé de police municipale ou d'autre ainsi qu'un maire ou un ad

au maire ». Un mariage contracté dans ces conditions entraînerait d'office la démission de l'intéressée.

Il faut mentionner « la Maison des Dames des
P. T. et T. » fondée par une société ayant pour
but de fournir un logement confortable et une
nourriture saine aux employées isolées habitant
Paris. — Cet immeuble comporte, outre les
chambres élégamment meublées, chauffées l'hiver
à la vapeur d'eau, tous les services accessoires,
bains, douche, brasserie, hall, vérandah, salon de
lecture, etc., etc.

A côté du restaurant sont des lavabos-vestiaires
pour les personnes n'habitant pas la maison.

Un jardin complète cette jolie organisation où
tout est compris selon les règles de la plus rigoureuse hygiène.

Les employées qui n'habitent ni ne mangent
dans la maison, ont droit d'accès au salon de lecture, moyennant cinquante centimes par mois. Cela
constitue une sorte de Cercle administratif.

Un repas complet, servi de six heures un quart
du matin à neuf heures du soir, à la carte ou à prix
fixe, coûte quatre-vingt-cinq centimes. Le loyer
mensuel de la chambre va de dix-huit à trente-cinq
francs.

Employés des grandes banques.

A toute souveraine tout honneur... C'est la Banque de France qui ouvre la liste.

On y débute à 3 fr. 05 (??) par jour avec augmentation de 0 fr. 50 par jour de cinq en cinq ans, jusqu'à concurrence de 6 fr. 05 (toujours ces curieux centimes !)

Les Auxiliaires ne servent que pendant six semaines ou quinze jours quatre fois par an, aux grandes échéances des coupons. Elles touchent 3 fr. 05 par jour.

Au bout de vingt ans ou pour cause de santé, la titulaire peut être réformée avec une retraite de 400 francs. Au bout de vingt-cinq ans, c'est avec 500 francs. Au bout de trente ans : 600 francs. Voilà le sort de la femme qui a travaillé durant toute sa jeunesse et sa belle maturité de neuf heures du matin à six heures du soir, — on assure même : dans des conditions hygiéniques déplorables, très nuisibles à sa santé, et motivant souvent la mise en réforme.

Cependant, ces emplois sont extrêmement enviés. C'est la preuve de la terrible difficulté que rencontre la femme à gagner sa vie.

On entre à la Banque de France soit comme parente d'employé, soit sur la recommandation de quelques personnes influentes. Il n'y a ni con-

cours ni limite d'âge, ni cautionnement à fournir.
Il suffit d'être honorablement connue.

Au *Crédit Foncier*, il y a concours. Aucun diplôme n'en dispense, mais il donne des *points*.
L'âge voulu est de dix-huit à trente ans. — Fournir tous les papiers d'usage.

Les concours ont lieu irrégulièrement. Les épreuves sont exclusivement écrites. Elles comprennent la calligraphie, le calcul, la dictée, la rédaction.

On n'est titularisée qu'après un stage d'au moins un an, ayant donné complète satisfaction. La stagiaire reçoit 3 francs par jour de travail effectif.

Une fois titulaire, elle a le traitement fixe de mille francs par an. L'avancement se fait par augmentation de cent francs, jusqu'à deux mille francs, très rarement jusqu'à trois mille. Une retenue de 4 pour 100 est opérée au profit de la retraite qui est servie au prorata de la moitié des appointements des six dernières années d'un service de huit ans.

La présence est exigible de neuf heures du matin à six heures du soir. Les titularisées bénéficient d'une heure le matin ou le soir, à leur convenance.

Elles ne peuvent sortir pour déjeuner. Mais on leur facilite la préparation de ce petit repas.

On dit du reste que le Crédit Foncier est assez paternel, et que les locaux ne sont pas malsains.

Le *Comptoir d'Escompte* suit à peu près les mêmes règles ; seulement le régime est plus doux. L'avancement a lieu à raison de 25 centimes par jour tous les deux ans, jusqu'à concurrence de 5 francs. On a une heure et demie pour déjeuner, et même deux heures dans le service de la Conservation des titres.

Une caisse mutuelle, alimentée moins par le prélèvement de 0 fr. 50 par mois sur les appointements que par les dons et par le Conseil d'Administration, permet de donner 1 fr. 50 par jour de maladie.

Les conditions hygiéniques des bureaux ont été très améliorées. Le Comptoir d'Escompte est une des administrations qui se préoccupent le plus efficacement du sort de ses employées.

La Société Générale emploie quatre cents femmes et deux cents auxiliaires.

On dit que la Société a fait disparaître l'inégalité de traitement entre les employés des deux sexes. Mais n'allez pas croire qu'il s'agisse des appointements ?... Il n'est question que du temps accordé pour aller déjeuner. Les femmes n'avaient, m'affirme-t-on, que trois quarts d'heure, tandis que les hommes jouissent d'une heure un quart de liberté... sans doute par égard pour la cigarette.

Il paraît que les employées sont retenues le soir, aussi, un peu plus longuement que leurs camarades masculins. Je cite le fait afin de prouver

une fois de plus la partialité des administrations
en faveur de l'homme.

Le Crédit Lyonnais ne diffère pas sensiblement des autres grandes banques. Là encore il
faut la demande adressée au chef du personnel,
apostillée par une puissance quelconque, — et
l'examen écrit, ainsi que l'examen médical.

Ici, sans malice, — et en laissant la responsabilité de l'accusation à Parrhisia de la *Française*,
qui a fait une étude très complète et très sérieuse
des professions féminines, — je cite ce passage
d'un intérêt moral indiscutable :

« On nous assure — et c'est une jeune fille bien
« payée ou plutôt mal payée pour le savoir, puis-
« qu'elle a passé quelques années dans l'établisse-
« ment ! — qu'au service des *Casiers*, et malgré la
« loi sur les sièges, les employées sont debout de
« huit heures du matin à six heures du soir. Le tra-
« vail qu'elles font ne leur permet pas de s'asseoir.
« Il consiste à chercher des bordereaux dans des ca-
« siers situés de façon à ce qu'on ne puisse les at-
« teindre qu'en levant les bras même étant debout.
« Tiraillées de tous les côtés par les demandes qui
« affluent ; appelées tantôt à un guichet, tantôt à
« un autre, pour rendre des titres à des personnes
« qui, les ayant déposés à la conservation, viennent
« les retirer ; obligées de répondre à tout le monde
« et cela, du matin au soir, avec une heure très juste
« pour déjeuner, les pauvres femmes qui ont cru
« leur fortune faite alors qu'elles ont été admises à

« cet emploi, grâce à des protections et un bon con-
« cours, tombent littéralement de fatigue. Quand
« elles sont faibles, elles restent malades si elles
« n'en meurent point. Energiques, elles donnent
« leur démission pour chercher le gagne-pain ail-
« leurs.

« Et veut-on savoir — c'est le plus joli ! — pour-
« quoi ce service des casiers pour lequel la position
« debout et les bras constamment levés sont une
« obligation n'est pas réservé aux hommes?... Tout
« simplement parce que ces messieurs, le trouvant
« trop fatigant, n'en veulent point et l'abandonnent
« aux femmes...

« Et les femmes l'acceptent au risque d'y laisser
« leur santé et même leur vie, sachant qu'à la
« moindre observation elles seront impitoyable-
« ment remerciées puisque dix, vingt, cent postu-
« lantes se présenteront pour obtenir cette place
« plus enviée qu'enviable.

« Si l'on mettait douze femmes à ce service au
« lieu de six, faisant par équipe tantôt le service du
« matin, tantôt celui du soir, c'est-à-dire ne faisant
« ce travail debout qu'une demi-journée, cela serait
« suffisamment dur, mais cela serait encore pos-
« sible.

« Quant aux services où les employées peuvent
« s'asseoir, si elles n'y sont pas exposées au sur-
« menage physique, elles le sont au surmenage in-
« tellectuel. Un service consistant à faire des addi-
« tions pendant six jours consécutifs, sans se repo-
« ser un instant, si ce n'est pendant l'heure du

« déje... ...t sous le coup de « l'an...

« E... ...ent bien de la moindre « distrac... ...e erreur est punie d'un « renvoi. ... ...a comme une délivrance, « mais q... ...emme sur le pavé ; et quand « elle est s... ...ues, que peut-elle devenir ?

« C'est pou... ...que les pauvres femmes accep- « tent tout : fatigue physique, surmenage intellec- « tuel, brutalités, et, par-dessus tout cela, salaire « trop maigre.

« C'est le Bagne du Progrès pour les Inno- « centes (1). »

(1) Je tiens à déclarer que la plupart des renseignements techniques qui précèdent sont empruntés au livre de M. Fénelon Gibon : *Employées et ouvrières*.

LES INTERMÉDIAIRES

Aussitôt qu'une femme appartenant à certain monde fait confidence de ses embarras d'argent, il se présente quelqu'un pour lui dire :

— Tirez parti de vos relations... Cherchez, apportez des affaires...

Et la femme ouvre de grands yeux lorsqu'elle apprend qu'aujourd'hui des gens parmi les plus « huppés » reçoivent des commissions de tous les côtés sur les ventes de propriétés, d'autos, de chevaux, d'objets d'art, sur les assurances qu'ils font contracter et sur bien d'autres choses encore, moins avouables.

Évidemment cela peut se faire, et sans déshonneur. Cependant on ne s'en vante pas, d'abord parce que ce n'est pas très « chic », et parce que le jour où l'on serait connu pour servir certaines maisons, on en détournerait tout de suite les clients devenus méfiants. Et ceci a le très fâcheux résultat de mettre en suspicion les personnes qui ne se mêlent aucunement de négociations. Elles ne peuvent plus dire : — « Prenez mon médecin », sans qu'on les soupçonne de toucher une remise sur les consultations.

Le seul moyen de se créer un revenu en jouant le rôle d'intermédiaire est cependant de le jouer franchement. — On peut réaliser des bénéfices en se faisant courtière ou voyageuse... mais... nous allons voir comment.

« Faire la place », représenter à Paris, dans les départements ou même à l'étranger, une maison, une industrie, une entreprise, n'est pas être « courtière. » En général, dans ce cas on est appointée avec un tant pour cent sur les affaires ; les frais de déplacements sont payés. Et ceci exige un apprentissage préalable, une expérience acquise, un talent prouvé. Cela se rattache aux études commerciales que j'ai préconisées. On peut arriver à se faire une situation très sérieuse. La femme qui est bonne placière, bonne voyageuse, *vaut* véritablement. Elle est recherchée.

La Courtière est celle qui, sans préparation, se dit : — Je vais me mettre à faire de la publicité, *ou* à vendre des diamants... » — et qui se met en campagne à ses risques et périls. Sans doute la chance peut la favoriser. Mais combien cela arrive rarement ! — Autrefois le métier fut excellent. A cause de cela, il attira tous les déclassés, les pro -

près à rien, les audacieux, les risque-tout de bas-étage... Les hommes et les femmes se font la guerre sur ce terrain ; et la lutte est déloyale.

L'intermédiaire avouée, pour la vente à l'amiable des objets d'art, des dentelles, des bijoux, se rattache un peu au groupe précédent. La connaissance des langues vivantes lui est utile, car ce sont les étrangers, amateurs ou marchands, qui viennent acheter en France.

Les circonstances peuvent servir ou trahir celle qui entreprend ces divers genres de métier.

J'ai connu une personne que son talent d'artiste et sa beauté avaient mise en évidence. Elle parlait admirablement l'anglais. Des raisons de famille lui ayant conseillé d'abandonner l'art et même Paris, elle crut pouvoir utiliser le prestige de son nom, de son élégance, de sa réelle distinction, pour aller en Amérique représenter ce que nous appelons : *la rue de la Paix*, c'est à dire nos grands couturiers, chapeautiers, chausseurs, joailliers et fournisseurs de ces bibelots de genre, de ces nouveautés qui complètent si joliment la poupée vivante qu'est la parisienne.

De prime abord on aurait cru l'idée géniale ! Elle constituait une erreur absolue. — Voici ce qu'expliqua un prince de la Couture à propos de ce plan :

— Toute marchandise que vous irez offrir sera considérée par les Américains comme inférieure... Ils la laisseront pour compte. Ils viennent eux-

mêmes chez nous faire leur choix. Par conséquent, vous ne trouverez pas une maison sérieuse
qui consente à vous soutenir dans cette entreprise.

Comme il se pourra cependant que des femmes
ne voient pas autre chose à tenter que de se faire
« intermédiaire », — soit parce qu'elles n'ont pas
de connaissances spéciales, soit parce que des
devoirs de famille leur laissent seulement une
liberté limitée, ou pour toute autre cause, je ter-
minerai par ces conseils-ci :

— Essayez... cela ne vous engage en rien. Seulement faites vos essais sous la direction d'une personne d'expérience qui vous y encourage et vous
guide un peu. Défiez-vous de tout et de tous, car il
n'y a pas de métier où l'on soit aussi audacieusement
escroqué. Tâchez de n'avoir de rapport qu'avec des
gens honorablement connus. Ne vous surmenez
pas. N'oubliez pas que la santé est, plus encore
que l'argent, la pierre d'assise de toute entreprise.

— N'entreprenez ce rôle d'intermédiaire que si
vous vous sentez les dons nécessaires pour le
remplir. Il en est de cela un peu comme du théâtre
où l'on a du talent dans les genres les plus différents. Vous pouvez être « jeune première, grande
coquette, duègne habile », selon votre âge et votre
physique. Mais dans n'importe lequel de ces emplois vous ne devrez jamais être sotte... J'entends
par là qu'il vous faudra l'intelligence d'agir con-
formément à votre nature, toujours avec un petit

fond d'esprit *juif*... indispensable en l'occurrence. C'est-à-dire, — et ceci n'a rien qui ne puisse aussi être très... catholique, — que vous devrez savoir dépenser moins que vous ne gagnez, de façon à n'être jamais arrêtée dans vos agissements par le besoin d'argent. Cela veut dire pourtant que vous saurez dépenser intelligemment quand cela doit servir vos plans. Cela veut dire encore que vous aurez assez de souplesse pour supporter les petites humiliations et même les grandes qui sont réservées à toute personne qui vient importuner par des offres... Le meilleur moyen d'accepter les insolences sans bassesse, c'est d'avoir l'air de ne pas les comprendre.

Enfin, la femme qui n'est pas laide se voit encore exposée à d'ennuyeuses galanteries. Il est fort simple de ne pas s'effaroucher, car les tentatives des messieurs français n'ont en général aucune portée. Ils se croiraient déshonorés de ne pas faire un peu les coqs. Lorsqu'on leur réplique qu'on connaît les usages, qu'on ne s'en offense pas, pourvu qu'ils s'en tiennent à la démonstration sans suites, on reste généralement très bons amis. La femme vraiment *honnête*, qui est posée comme invulnérable, qui « n'agace » pas les hommes, mais ne se montre ni prude ni revêche, les tient à distance, s'impose sérieuse, travailleuse, et cependant de rapports aimables.

Le croiriez-vous? Il y a des états qui exigent bien plus d'esprit... que le métier de journaliste.

PROFESSEUR DE BEAUTÉ

En ces dernières années, beaucoup de femmes ont fait des fortunes en se vouant à la culture de la Beauté..., disons : *féminine*, quoique bien des hommes aient été les consulter en secret.

De tous temps, du reste l'exploitation de la coquetterie a été fructueuse. Je dis l'*exploitation*, car pour en tirer profit il ne suffit pas de la cultiver honnêtement; on se trouve obligé de mentir, d'exagérer, de promettre ce que l'on ne saurait tenir (1).

J'ai vu des exemples étourdissants de succès. En voici deux typiques :

Une jolie veuve, mère de famille, très intelligente, très charmante, s'exténuait courageusement depuis plusieurs années à tenir le magasin d'un

(1) Lire : *Culte et Culture de la Beauté*, par la Comtesse Lutecia (un de mes pseudonymes).

éditeur... peu commode. Que gagnait-elle à ce véritable esclavage?... Je l'ignore. En admettant qu'elle se fît quatre à six mille francs par an, avec un intérêt sur les affaires, je ne crois pas être loin de la vérité.

Un beau jour, elle rencontre un monsieur qui voulait lancer un produit... des produits... — qui cherchait quelqu'un pour en faire le boniment et les appliquer... Il avait un peu d'argent; il monta la maison assez luxueusement et... je n'ose pas vous dire à quel chiffre énorme doit s'élever aujourd'hui le bénéfice!

Il advint que comme la dame en question est assez jolie pour pouvoir être une vivante réclame à ses articles, qu'elle est infiniment gracieuse et habile, elle était au bout de quelques mois devenue la plus indispensable des collaboratrices. Et comme d'un instant à l'autre le bailleur de fonds pouvait redouter qu'elle lui échappât, et qui plus est! lui fît concurrence... il l'a épousée.

Une autre n'avait pour elle ni la jeunesse ni la beauté. Cependant, arrivée à la cinquantaine, il lui restait un visage et un cou sans rides. Elle en attribuait la conservation à l'usage constant d'une modeste préparation (à base de glycérine). qu'elle plaçait, pour la modique somme de trente sous,' parmi ses relations. Sa situation devint tellement misérable, qu'expulsée par son propriétaire, la pauvre femme entra, trop heureuse de trouver un asile, chez une marchande de parfumerie « en dé-

pôt » qui la prit au pair, pour la vente. Elle passa
là quelques mois fort pénibles, couchant dans un
sous-sol, mangeant ce qu'on voulait bien lui donner, n'ayant pour tout salaire que son faible gain
sur la vente.

Cependant, elle se formait. Elle avait l'intelligence de comprendre la Femme et ses faiblesses.
Elle se mit à manipuler quelques autres petits produits qu'elle eut la permission de vendre au magasin. Trois ou quatre ans après, à la suite d'une
rupture avec sa patronne, elle se sentit le courage de
s'établir en plein centre, avec une très faible commandite qu'elle avait trouvée. Elle arrivait au bon
moment du *face-massage*... Ses gains furent
tellement considérables qu'elle dut prendre de
nombreuses aides, et qu'elle a pu fonder plusieurs
succursales à l'étranger.

L'histoire de beaucoup d'autres ressemble aux
précédentes... Ces contes de fées ne doivent pas
troubler la cervelle de celles qui les lisent. Le
métier s'est gâté en raison de la concurrence. Cela
ne veut pas dire qu'il ne vaille plus rien... Mais
cela doit mettre en garde celles qui voudraient
faire de grands frais, s'établir en rêvant la fortune, et qui n'arriveraient qu'à la faillite.

Je l'ai dit plus haut : ce rôle de Professeur de
Beauté exige avec beaucoup d'adresse un certain
aplomb. Si la cliente n'est pas suggestionnée par
vos affirmations, elle ne croit pas à l'efficacité des

procédés préconisés. Si vous ne lui vendez pas très cher ce qui ne coûte presque rien, elle n'est pas non plus persuadée de la vertu d'une chose simple... Une personne très véridique ne triomphera jamais dans cette partie.

Néanmoins, sans charlatanisme, sans aspirer à la fortune, on peut se mettre dans les « soins de Beauté ». La réussite sera médiocre ou satisfaisante, mais elle vaudra toujours autant que celle obtenue dans d'autres métiers.

On peut se lancer modestement, en faisant de la publicité, — car la publicité est bonne pour ces spécialités. Mais on ne devra y recourir qu'avec expérience de la chose, ou sous la direction d'un guide très consciencieux. Rien n'est plus décevant que l'Annonce.

Comme autrefois il y avait l'épileuse, il y a aujourd'hui la masseuse et la manucure. Ces états s'apprennent en quelques heures. Avant qu'ils soient fructueux, il faut quelques... mois.

LE TABAC ET SES OUVRIÈRES

Tout le monde sait que les bureaux de tabac sont accordés à des veuves de fonctionnaires, d'hommes célèbres ou d'anciens militaires.

Rarement, ces bureaux sont tenus par leur titulaire. Ils n'exigent chez leur gérant, — qui peut être une gérante, — que des connaissances très simples.

Aux Manufactures, ce sont des femmes qui travaillent dans des proportions de cent contre cinq hommes.

Elles sont rémunérées « au poids », c'est-à-dire qu'on leur confie une certaine quantité de tabac qu'elles doivent rendre transformé.

Il y a les mouilleuses, les hacheuses, les sécheuses, — au milieu du vacarme des machines.

Puis nos Carmens françaises roulent les cigarettes, confectionnent les cigares... Et ce n'est pas un travail doux comme on pourrait le croire. C'est une besogne rude, exécutée pendant une journée de neuf heures, commencée à sept heures du matin, finissant à cinq heures et demie avec un repos d'une heure et demie qui est bien nécessaire.

Le salaire est de quatre francs par jour, — diminué de toutes les pertes occasionnées par les paquets, les cigarettes, les cigares, manqués.

Les cigarières sont un peu plus payées que les autres. Elles touchent 6 francs pour la journée. C'est sans doute parce que ce travail est assez malsain. Le tabac roulé *humide*, dégage beaucoup de nicotine, et nuit particulièrement à l'ouvrière sur le point d'être mère ou à la nourrice.

Peut-être à cause de cela, l'administration a institué des crèches bien installées, capables de garder les enfants jusqu'à six ans, moyennant une assez faible rétribution.

LES ARTS DÉCORATIFS

Lorsqu'une jeune fille a des goûts délicats, exclusivement artistiques, on aurait tort de molester sa nature, et de vouloir l'obliger à la monotone vie de bureau, ou encore aux luttes commerciales qui peuvent répugner à son caractère.

Mais étant donné que l'Art pur ne nourrit ceux qui le servent qu'après de longues années d'attente, elle devra raisonner et concéder à l'espoir de devenir « Artiste » le demi-sacrifice de travailler dans le but d'appliquer à l'Industrie son talent artistique futur, — ce qui ne l'empêchera nullement de créer, à côté, des œuvres désintéressées qui aident au succès pratique en augmentant le développement intellectuel de l'artiste, et en affirmant la valeur de celui-ci.

La Gravure, la Ciselure, la Broderie, la Dentelle, les Emaux, la Pyrogravure, le Cuir... mille choses que la mode fait surgir ou met en évidence, sont à cultiver.

A la base de toutes les spécialités, nous trouvons le Dessin, — puis le modelage et parfois l'anatomie.

Le Dessin, dont selon moi on devrait obligatoirement apprendre les notions en même temps qu'on apprend à écrire, est un des plus précieux éléments de travail qui existent. Perfectionné, doublé d'une connaissance plus ou moins poussée de l'aquarelle, de la gouache, il permet la décoration d'une foule d'objets : les éventails, les couvertures de musique, les modèles de mode, l'illustration des ouvrages d'éducation... J'arrête l'énumération qui serait innombrable.

Par malheur, le dessin très couramment appris dans les familles a fait sortir de terre une foule de jeunes filles qui cherchent à peindre des menus, des images de piété, des articles dont elles ne trouvent pas le placement, ou qu'elles exécutent à vil prix pour des entrepreneurs.

L'abat-jour, l'écran, l'image, l'éventail et toutes les choses du même genre ne sont plus payés. On doit présenter des modèles et attendre la commande qui ne vient qu'à des prix dérisoires.

Le Cuir d'Art, qui fut ressuscité, rénové, par Saint-André, a pris depuis 1896, un essor considérable. Il s'applique, comme jadis en Espagne, à Cordoue, à tous les usages. La faveur du public s'y attache chaque jour plus sûrement.

Nous avons reçu du maître du cuir ciselé lui-même les affirmations suivantes :

« Une ouvrière en Cuir d'Art, copiant d'après son modèle ou un modèle donné, des décorations de porte-monnaie, porte-cartes, ceintures, portefeuilles, etc., etc., enfin tout ce qui se rattache à la petite maroquinerie fine, ainsi qu'au Siège, qui est peut-être le principal débouché : chaises de bureau, salle à manger, antichambre, bibliothèque, fumoir — peut, suivant sa dextérité, son assiduité, gagner de 5 à 6 francs par jour chez elle, dans un métier sain, propre, et qui ne nécessite qu'une bonne lumière, sans autre installation qu'une trousse d'outils... Et il n'est ici mention que de l'« *ouvrière* » copiant le modèle imposé ; si elle est bon dessinateur et créatrice, elle augmentera ses gains en raison de son talent personnel. »

Il ne faut donc nullement compter sur le petit talent de « peinturlure » même émaillée, même sur porcelaine ou sur bois... Il faut aujourd'hui des qualités solides, applicables à l'Industrie.

Il existe une Ecole d'art, cité du Retiro, dirigée par Madame Laurent Desrieux et patronnée par le Comité des Dames de l'Union centrale des Arts décoratifs et dont madame la comtesse de Maupeou, vice-présidente, s'occupe tout particulièrement. On y reçoit l'instruction gratuite. Mais l'entrée en devient de plus en plus difficile.

Il y a aussi d'autres cours organisés par le Comité des dames. On fera bien de songer à ceci : c'est que, lorsqu'on sort de ces endroits d'apprentissage, on est un peu dans le cas du garçon vainqueur au concours général : on a du savoir, mais on manque de pratique. Et les industriels ne se précipitent pas tant sur vous qu'on pourrait le croire, car ils n'ignorent pas que les élèves, même récompensées, primées, ne savent pas encore « faire vite » et dans les conditions économiques voulues pour être utilisées avec profit.

Ceci dit, je conseillerai tout de même l'étude sérieuse sinon aux Beaux-Arts, du moins dans les Ecoles de Dessin de la Ville, car seules les élèves bien préparées, ayant vécu dans le milieu réellement laborieux, savent se servir de leur acquis, et n'ont pas la touchante niaiserie de celles qui ne se sont jamais destinées à la vie impérieuse du labeur.

On évalue à cinq années la durée des études de dessin technique dirigées vers une spécialité... — Lorsqu'une élève sort d'une de ces Ecoles, elle trouve des débouchés, des emplois, car les industriels s'adressent tout de suite, selon leurs besoins, aux sources des capacités certaines.

Le dessin de broderies pour ameublement est d'un assez large emploi, — et celui de la Dentelle. L'Ecole d'art s'applique avec raison à former des Dessinateurs pour le Piquage et l'Encartage de la Dentelle. On a raison ; voici pourquoi : On pousse beaucoup la Dentelle en ce moment. Dans un but extrêmement louable, qui est celui de procurer le travail au foyer, et de relever une insdustrie tombée, on fait des sacrifices en faveur de la dentelle *vraie*... Des intérêts commerciaux et politiques étant, de plus, derrière ce paravent humanitaire et patriotique, il est évident qu'on arrive à un certain résultat.

Mais ce résultat n'est pas ce que l'on espérait.

La femme préfère, en majorité, payer bon marché une charmante imitation, que payer cher une dentelle *vraie*, mais beaucoup moins jolie. Elle ne consent pas à porter des choses ordinaires ou démodées qu'on lui présente, alors que la machine crée à chaque saison la nouveauté séduisante.

Si l'on veut relever la Dentelle, il faut qu'en même temps que l'on crée des ouvrières, on fasse naître les créatrices qui arracheront les exécutantes à la routine, leur plus grand ennemi.

Madame la comtesse de Maupeou a également créé à l'Ecole d'art, de la cité du Retiro, un cours de reliure professé par M. Champs, avec Madame Collet comme adjointe ; la gainerie y est aussi enseignée. Les reliures Bradels, celles en étoffe. avec la pyrogravure, semblent être les plus demandées, les plus avantageuses à exécuter.

La Tapisserie des Gobelins a tenté un certain nombre de femmes qui peuvent très bien y réussir, mais à la condition de trouver place dans une fabrique. Le tissage à domicile donne de cruelles déceptions à toutes celles qui l'ont entrepris. Le placement individuel du travail est impossible.

Pour les manufactures, il n'est aucunement nécessaire de connaître le dessin.

Le métier est fatigant à cause de la position penchée qu'il exige.

La personne qui s'obstinerait à vouloir faire du Gobelin pour son compte devra renoncer aux grandes pièces qui exigent un temps considérable et ne se vendent pas. — Les petits objets, les petits médaillons par exemple, que l'on peut enchâsser dans du bois, dans un bibelot de goût quelconque, seraient d'un placement moins difficile.

Pour réussir, lorsqu'on ne travaille pas sur commande, il faudrait créer. — Pour cela il faut être bon dessinateur et vraiment artiste. De plus le matériel de laines et de soies nécessaires pour composer, est d'une importance considérable. — Enfin, jamais un particulier ne se procurera ni les qualités de fil, ni les teintes qu'obtiennent les manufacturiers, pour qui l'industrie étudie la fabrication des matières premières dont ils retiennent l'exclusivité. — Ainsi, j'ai vu des collections de nuances teintes d'après des fleurs mortes ; et des fils ténus destinés à être mêlés presque invisiblement aux fils plus forts, absolument comme les couleurs du peintre habilement mélangées, avec un art parfait tenu secret.

La Savonnerie est moins difficile. Elle se fait à points comptés, à fils coupés. Mais encore vaut-il mieux ne s'y adonner que par dillettantisme ou alors tout à fait en ouvrière.

Au résumé, l'Art Décoratif dans une de ses branches quelconques, sérieusement appris à bonne source, est un des meilleurs moyens d'existence pour la femme.

Je viens de parler de la DENTELLE. J'y reviens avec un certain malaise, car elle a toutes mes sympathies... et en même temps je n'ai pas confiance dans son avenir.

La très belle dentelle aura toujours son prix comme une toile de maitre, ou toute autre œuvre d'art. Mais quel apprentissage, quelle finesse de la vue, quelle patience sont nécessaires pour réussir la pièce réellement hors ligne !

Qui l'achètera ?... La milliardaire. Et encore faudrait-il que nos peintres et nos sculpteurs éveillassent son snobisme à cet égard. Or les portraitistes n'aiment plus la dentelle que platoniquement : dans les vitrines, et jamais sur les épaules de leurs modèles mondains.

Le commerce s'agite, son effort est considérable, mais sera-t-il très puissant ?...

Je ne détournerai pas les jeunes personnes d'accepter les occasions qui s'offriraient pour elles de devenir *dentellières* : mais en conscience, je crois que libres de leurs choix, elles feraient mieux de se tourner vers une chose moins concurrencée par la machine.

La dentelle se relève surtout en province à la campagne, — ainsi que les broderies, en blanc principalement. Les rideaux, les riches décors d'ameublement, des services de tables, sont commandés par des maisons parisiennes ou établies dans les grands centres. On fournit le modèle, le dessin et même le fil., mais celui-ci on ne le donne pas, on le vend à l'ouvrière.

Selon son habileté, cette ouvrière peut se faire de deux à six francs par jour dans les genres luxueux. — Les modestes dentellières du Puy gagnent dans les vingt-cinq sous. — C'est un appoint pour un travail facile que savent faire les toutes petites filles.

Des entrepreneuses servent d'intermédiaires. La broderie se fait à la main chez soi, ou à la machine dans l'atelier. — Dans ces ateliers, il y a des « préparatrices » qui sont payées de cinq à six francs pour dix heures de travail.

LES INSPECTRICES (1)

L'Etat emploie un grand nombre d'Inspectrices.
Ces dames sont chargées des Ecoles maternelles
primaires, professionnelles, de l'enseignement
commercial, du dessin, des pensionnats libres, du
service de l'enfance, du travail de l'Assistance
publique, etc., etc.

*L'Inspectrice Générale des Ecoles mater-
nelles* occupe la plus haute fonction qu'une femme
puisse exercer dans l'Administration. Il n'y en a
que quatre pour toute la France. Elles doivent
prendre la parole devant les directeurs, devant les
élèves de l'Ecole Normale, futures directrices et
professeurs. Elles font un rapport au ministre.
Leur influence est considérable.

(1) Renseignements empruntés à un travail de mademoiselle Renée Allard.

Les *Inspectrices primaires* ne sont que deux. Leur rôle est très important. Elles seront le trait conciliateur entre les institutrices, les directrices et les municipalités... Il leur faut de grandes connaissances administratives et juridiques, doublées d'un caractère à la fois ferme et bon.

Les *Inspectrices administratives* s'occupent surtout du côté pratique des Ecoles, des réparations, des questions de chauffage, d'éclairage, de matériel, d'hygiène. — Ce n'est pas que sinécure, cette fonction épineuse, que complète un important travail de bureau.

Les *Inspectrices des pensionnats libres* surveillent surtout les pupilles de la ville, constatent le bon état des dortoirs, de la cuisine, de tout ce qui tient à l'hygiène.

L'Inspectrice du Dessin ne s'occupe que de l'enseignement. Elle fait partie du jury au moment des examens. Son action porte plus sur le personnel enseignant que sur les élèves.

L'Inspectrice professionnelle s'occupe des ateliers d'enseignement ménager, de la couture, de tout ce qui se rapporte à l'intérieur. Ainsi que l'inspectrice de l'*Enseignement commercial* elle appartient à une branche qui tend à se développer.

Ces fonctions rares, difficiles à obtenir, ont des appointements d'au moins 4.000 francs et des avantages.

Il y a une limite d'âge pour la nomination.

LA MODISTE

Le métier n'est plus bon que pour celle qui se contente du modeste emploi d'ouvrière.

· La concurrence des Grands Magasins, des Modes à prix fixes, des dames qui ont appris dans les cours spéciaux à se chapeauter elles-mêmes. rend le commerce moyen, en cette spécialité, très difficile.

On ne peut guère s'établir que sans frais chez soi, en famille, avec une clientèle sûre, d'avance.

C'est en cette partie que trop souvent le magasin cache d'autres moyens d'existence.

Pour apprendre l'état, on entre apprentie, fillette prête à faire les courses, pendant la première année surtout. Elle en fait moins la seconde et ne commence guère à travailler que la troisième année.

Pendant cette période, elle reçoit souvent le déjeuner.

Quand elle devient *apprêteuse,* elle gagne de 40 à 60 francs, avec le déjeuner.

Les *petites garnisseuses* gagnent 100 francs. A partir de là, selon que le talent, le goût, l'adresse, l'esprit créateur, en un mot, s'affirme, les appointements s'élèvent. On a vu de fortes maisons payer leur garnisseuse cinq cents francs par mois.

Les ouvrières ont toujours le déjeuner. Mais il faut compter que bientôt on ne les nourrira plus. La coutume tend à se perdre.

Les maisons à « prix fixe » ne donnent pas le déjeuner.

Lorsqu'on ne veut pas faire de courses au début de la carrière, on peut payer l'apprentissage 100 francs par mois et alors entrer tout de suite à l'atelier.

J'ai vu aussi des jeunes filles de goût, venir de province, faire le sacrifice de passer quelques mois seulement dans une bonne maison, et apprendre suffisamment l'état de modiste pour ouvrir, dans des villes d'eaux ou de petits endroits, des magasins de chapeaux simples, ruches, fantaisies de mode, — entreprises modestes qui peuvent devenir très prospères.

CARRIÈRES DIVERSES

Une enquête détaillée sur toutes les professions nous entraînerait trop loin. Il me semble que quelques indications suffisent à propos d'une foule d'états un peu « à côté » sur lesquels l'attention peut se porter avec bénéfice.

Nous allons passer une petite revue rapide pour clore la série des professions principales classées. Toutes les autres leur ressemblent à de bien légères exceptions près.

La Gravure en Musique utilise les femmes, qui sont aussi *plieuses* dans beaucoup d'ateliers d'imprimerie et de brochage.

L'Ouvreuse. — Celle des Théâtres subventionnés jouit d'une situation assez enviable. Mais il est extrêmement difficile d'en obtenir le poste. Les titulaires ne l'abandonnent que par force. Il y en a d'extrêmement âgées qui y restent, en se faisant aider par de plus jeunes. Ces braves femmes sont connues, estimées des abonnés, des habitués.

Au Théâtre-Français, elles doivent fournir un cautionnement de 2.000 francs.

A l'Opéra, on m'a montré le registre des inscrites postulantes; il y en avait des centaines, *toutes* appuyées par des sénateurs, des députés et même des ministres. Mais il n'y a pas d'apostille qui ait la puissance de faire des vides dans les rangs. On attend parfois des années avant d'être titulaire, alors que l'on a déjà attendu des années pour obtenir d'être auxiliaire.

La patience, du reste, est une vertu indispensable aux Ouvreuses, qui sont destinées à supporter les rudesses souvent injustes du public. Et plus elles sont mal partagées comme poste, plus elles ont à souffrir aussi de la clientèle.

A mesure que baisse le niveau du Théâtre qui les emploie, en raison aussi de l'étage qu'elles desservent, les rapports sont plus pénibles. Il est évident que les dernières places d'un « beuglant » sont fréquentées par un public qui n'a rien de commun avec celui des premières loges du Vaudeville ou du Théâtre Réjane.

Enfin, les pauvres femmes sont franchement malheureuses dans les théâtres ou établissements qui font de mauvaises affaires. Elles sont exploitées par la direction; elles ont pour tout profit le placement des billets à demi-droit... C'est absolument navrant.

La Femme cocher, la Chauffeuse, rencontrent une certaine hostilité dans le public réfractaire à toutes les nouveautés ; et en particulier, les hommes regardent d'un mauvais œil toute femme qui essaie d'empiéter non pas sur leurs droits, car ils n'en n'ont aucun en bonne justice, mais sur leurs habitudes et prérogatives.

Les examens de « cochère » sont assez durs à passer, en raison de la sévérité peu bienveillante des examinateurs. On échoue pour une bêtise, pour le « remisage », par exemple.

C'est à la Préfecture de Police que l'on se fait inscrire pour obtenir la permission de conduire une voiture à traction animale, ou automobile. C'est le marché aux chevaux qui est le terrain de l'examen pratique.

La Société protectrice des animaux a une école de cochers.

La femme-cocher a pour principal ennemi son collègue mâle qui cherche par tous les moyens possibles à lui nuire, à lui occasionner les accidents. Il l'invective grossièrement toutes les fois qu'il le peut, et se refuse à lui apporter son aide si le cheval tombe, ou dans n'importe quel autre cas. Son but est de détourner le public de la voiture conduite par la main féminine, qui est cependant plus douce aux bêtes — tout comme la voix est moins rude aux gens. — Aussi les pauvres femmes, sur les sièges de leurs véhicules, ont-elles toutes un air mélancolique qui excite ma compassion.

Enfin, il est certain que les intempéries doivent ruiner très promptement les charmes du visage, et aussi que la santé, chez quelques constitutions délicates, peut souffrir de la dureté de ce genre de travail. La trépidation perpétuelle de la voiture, le manque d'appui pour les reins, le poids du corps porté sur les pieds qui maintiennent l'équilibre, tout cela produit une sorte de contraction nuisible. Cependant, lorsque l'organisme sexuel la supporte bien, l'ensemble général de l'individualité gagne une vigueur certaine à l'existence en plein air, beaucoup plus saine que celle de l'atelier.

Seulement, il y a l'obligation du repas... et le marchand de vin, c'est le grand écueil d'un métier qui du reste tend à disparaître. Place aux chauffeuses!!

Les Artistes de Cirque et de Music Hall, genre jongleur ou autre, s'improvisent plus qu'on ne le pense. Évidemment il y a des spécialités qui exigent un travail commencé dès l'enfance. Les acrobates, les écuyères les équilibristes ont une longue pratique à laquelle rien ne peut suppléer. Mais aujourd'hui les *trucs* qui obtiennent des vogues énormes, souvent n'ont absolument besoin que d'un sujet se prêtant à leur présentation.

Certains demandent un véritable héroïsme. Nous n'avons pas oublié la *Flèche humaine*, ni l'effroyable exercice d'automobile qui coûta la vie à la malheureuse qui s'y livrait.

On achète aussi un « numéro » d'animaux dressés, de physique amusante ou autre chose.

Ces emplois que le public considère un peu comme des emplois de « saltimbanques » sont souvent le fait de femmes beaucoup plus honnêtes que celles des théâtres. Pour elles, l'existence est rude ; l'hygiène, la sobriété, les habitudes régulières sont indispensables pour conserver la santé et le sang-froid nécessaires aux exercices. En général les mœurs ne sont pas mauvaises.

Là comme dans toutes les professions, le gain est aléatoire. Tenez-vous un succès ? vous gagnez un argent fou ! mais pendant un temps très court, car le public se lasse vite de tous les spectacles dont il s'est engoué... Il n'est pas rare de voir finir dans les foires les « artistes » qui furent en vedette à l'*Olympia* ou aux *Folies Bergère*.

La Bijouterie a ses Tailleuses de Diamants, ses Brunisseuses, ses Enfileuses de Perles, et ses Reperceuses.

La Reperceuse exécute un travail assez doux, agréable, sans aucun inconvénient pour la santé. Le métier exige trois ou quatre ans d'apprentissage. Au bout de six mois, quand l'apprentie sait « faire ses outils », c'est-à dire façonner sur une pierre de grès ses aiguilles plates, de grosseur variée, emmanchées dans une gaine de plomb, elle gagne 0 fr. 50 par jour, *ou* son déjeuner.

Les appointements iront en augmentant jusqu'à ce qu'ils atteignent 3 francs par jour.

L'ouvrière capable d'ajourer le métal selon le dessin gravé, travaille environ dix ou onze heures et se fait cinq à six francs par jour, sans surmenage, sans chômage. Les interruptions de travail, suffisamment rares pour constituer seulement un repos bienfaisant, ne sont pas redoutées.

Quand la lumière est mauvaise, en hiver par exemple, la reperceuse travaille à la clarté d'une lampe devant laquelle est posé un globe d'eau teintée de vert. La vue est protégée.

La vivacité du coup d'œil, la dextérité de la main sont pour beaucoup dans l'habileté de l'ouvrière.

Les Tailleries de Diamants emploient des ouvrières. C'est même une industrie absolument féminine par laquelle son importateur à Paris, M. Roulina s'est proposé, il y a déjà de longues années, d'aider au Travail de la Femme.

L'Enfileuse de perles *vraies* a une profession déjà très relevée, agréable et lucrative. Seulement, très peu de femmes peuvent l'exercer. Ce n'est pas que l'apprentissage, qui cependant dure deux ans, soit bien difficile. Le travail effectif n'est rien. Une bonne vue, des doigts délicats se rencontrent assez aisément. Mais à cela il faut joindre une sorte d'intuition, que l'étude seule ne donne pas. On apprend à connaître la perle... et il peut arriver que jamais on ne « s'y connaisse »...

Les élèves sont formées par les Enfileuses arrivées. L'apprentissage se paie assez cher. Ne se fait pas admettre qui veut par la maîtresse; et une fois que l'on sait son métier, il n'est pas facile de se créer une clientèle. Le public ne veut confier ses bijoux, même chez soi, qu'à des personnes d'une probité longtemps éprouvée.

Le travail se fait donc presque toujours au dehors. Il est payé « à la pièce. »

L'Industrie du Cheveu a ses implanteuses, recherchées pour les postiches, et assez bien rétribuées. On manque plutôt d'ouvrières de cette catégorie, de sorte que là encore le chômage n'existe pas.

Il faut compter sur trois années d'apprentissage. Une très bonne vue est indispensable. — La position « voûtée » arrondit vite le dos, si l'on ne prend pas soin de faire tous les jours un peu de gymnastique de redressement.

N'oublions pas que la Femme Coiffeur plaît beaucoup dans une clientèle bourgeoise qui la préfère à l'homme pour le cabinet de toilette de la famille. En province surtout, elle peut coiffer « à l'abonnement », donner des leçons aux personnes qui désirent seulement des conseils, et se créer un gentil appoint par la fourniture des accessoires : crépons, écailles, teintures, produits divers...

Les Ouvrières en filets de cheveux gagnent peu mais travaillent à leur aise.

L'Herboriste peut obtenir son diplôme après un examen facile portant sur l'instruction élémentaire et une certaine étude des plantes. Les dépenses pour obtenir ce papier sont d'une centaine de francs. — On peut aisément avoir un petit commerce sans mise de grands capitaux.

La **Femme vétérinaire** qui prendrait en pension des animaux malades ou non malades, réussirait probablement très bien. Seulement il faut la vocation.

La tenancière de **Kiosques** à journaux ou autres n'est pas toujours la titulaire. Le service est parfois affreusement dur. A Paris, c'est avant six heures du matin et jusqu'à dix ou onze heures du soir que certains kiosques sont ouverts. Exposée à tous les temps, la pauvre marchande y perd sinon la santé, — qui parfois s'y fortifie quand elle ne s'y détruit pas, — du moins tous ses attraits physiques. Et que gagne-t-elle?... Deux à quatre francs par jour l'un dans l'autre.

Au moment du jour de l'an les **confiseries** prennent des demoiselles de vente et même des femmes pour les écritures supplémentaires.

Ce serait une erreur de croire que la première venue peut « trouver à se placer pour cette quinzaine de coup de feu. »

On reprend du reste presque toujours celles qui sont déjà au courant. Ce sont des employées de commerce subissant le chômage de fin d'année, ou des personnes qui vivent chez elles occupées à d'autres travaux, et qui se réservent ce petit revenu annuel.

Les préposées aux écritures n'ont pas besoin de connaissances spéciales ; elles sont vite mises au courant, lorsqu'elles ont l'habitude de tenir des livres, ou de faire des expéditions n'importe en quels genres.

Mais les vendeuses sont tenues de connaître la Confiserie, de prouver un apprentissage dans des maisons parisiennes, ou dans de bonnes maisons départementales.

La Photographie a la dame du salon qui doit être instruite de certaines particularités du métier, et surtout qui doit posséder une intelligence très certaine, pas très commune parmi les employées. Comme il faut, discrète, adroite, elle devra savoir parler à la clientèle élevée, aux Altesses, aux Souverains dans les établissements de premier ordre. Une psychologie toute spéciale lui donnera l'intuition de ce qu'il faut dire pour décider le client ou la cliente. Il y a là une science indéniable qui fait de cette auxiliaire une véritable associée.

L'atelier a ses *retoucheuses de clichés et d'épreuves*, lesquelles peuvent travailler chez elles aussi. Il faut de deux à quatre ans d'apprentissage pour commencer à gagner. La retouche du *cliché* ne convient pas communément à la femme. Il paraît que là, comme en peinture, les qualités de vigueur, de décision lui manquent. C'est même une façon de parler professionnelle, que de critiquer un travail par ce mot dédaigneux : « C'est de la retouche de femme, ça... » Par contre, la retouche des *épreuves* est fort bien réussie par la main féminine qui a la délicatesse, la minutie, la patience voulues pour y exceller. Les peintres et dessinatrices y réussissent mieux que quiconque.

Enfin, à l'étranger, beaucoup de femmes « font la pose », opèrent elles-mêmes avec un plein succès ; et en province, nous avons quelques veuves qui ont gardé l'établissement de leur mari sans le laisser aucunement péricliter.

Pourtant, jusqu'ici, la clientèle n'aime pas beaucoup la femme photographe, parce qu'il manque à celle-ci la promptitude du coup d'œil et cette décision dont je viens de parler au sujet de la retouche. La femme excelle à poser les enfants ; elle surpasse l'homme à ce point de vue. Mais elle tâtonne, elle essaie trop longuement ; son désir de mieux faire, ses incertitudes, fatiguent les petits, énervent les impatients, éloignent les célébrités, les gens d'importance, qui ont peu de temps à « accorder » au photographe.

Au nombre des petits métiers insoupçonnés il y a LA COUPE DE VERRE.

La Coupeuse achète partout les déchets de glace ou de verre et les découpe pour la bimbeloterie.

La FIGURATION pour la scène se recrute dans des classes très diverses. Il est évident que les femmes qui consentent à se déshabiller pour les féeries, les music-halls et autres établissements similaires, les « Marcheuses » à qui l'on demande

d'être jolies filles, aspirent à tout autre chose
qu'aux quarante sous par soirée qu'on leur reprend
autant qu'on peut par les amendes. Quelques-unes
espèrent tout ce que peuvent procurer les planches
surtout quand on les quitte !... D'autres tâchent
de progresser, de monter, — avec des protections !
— aux petits rôlets de Revues...

Ernest Blum écrivait ceci quelques jours avant
de mourir, c'est-à-dire tout récemment, à propos
de ces infortunées :

« Le métier que font ces jeunes dames est vraiment terrible et démontre une endurance que peut
seul justifier un fol amour du théâtre.

« Ces pauvres débutantes, en effet, jouent souvent dix ou douze rôles dans la soirée ; elles se
costument, paraissent en scène cinq ou six minutes, se sauvent dans les loges pour se costumer
de nouveau, reparaissent les mêmes cinq ou six
minutes, se sauvent encore, se recostument, reparaissent le même laps de temps, et cela pendant
trois ou quatre heures !

« Dans quel état sont-elles, les malheureuses, à
la fin du spectacle ! Beaucoup doivent connaître
la fâcheuse courbature !

« Et notez que, pour ce travail surhumain, elles
touchent — quand elles les touchent — entre 100
et 150 francs par mois, sur lesquels elles ont à
payer leur blanc, leur rouge, leur blanchissage —
et leurs amendes !

« Avec le reste, elles dînent, s'habillent, acquit-
tent leur loyer et prennent l'omnibus ! »

Eh bien, malgré cela, il y a surabondance de candidates chaque fois qu'un régisseur fait passer une note dans les journaux, demandant : « de jeunes et jolies femmes pour petits rôles et la figuration ». Quelques-unes savent un peu chanter ou danser!... C'est effroyable, regardé froidement.

Mais dans les théâtres sérieux, subventionnés, où il faut des femmes de tous âges, où la beauté n'est pas de rigueur, il y a des « figurantes » très honnêtes qui font une petite carrière couronnée par une retraite, à l'Opéra, et même, je crois, dans les autres théâtres subventionnés.

Le MODÈLE D'ATELIER n'est pas non plus tout à fait ce qu'on imagine. Certainement le modèle jeune, libre, posant « l'ensemble », est rarement une rosière. Toutefois, il y a là des vertus relatives. Des femmes âgées gagnent encore quelques francs à rester des heures immobiles... — dans une si parfaite immobilité parfois que c'est à peine si les paupières ont un rare battement.

« Le Modèle » se présente dans les Ecoles de Peinture, le plus souvent vêtue misérablement.

— Déshabillez-vous... lui dit-on sèchement. Alors tombent un à un les vêtements, jusqu'à la chemise de grosse toile écrue, et jusqu'aux bas reprisés maladroitement. Et le corps s'érige, plus ou moins fatigué déjà, surmonté souvent d'une tête médiocre. Mais il y a une ligne restée belle, un rien qui tente les élèves... Et alors, selon les cas, c'est le :

— Vous ne convenez pas... — *ou* : la gorge est molle, les jambes sont lourdes, mais la nuque est bien... Vous viendrez deux ou trois fois..

Et la femme, examinée comme un animal, ramasse ses hardes, se rhabille vite pour n'être pas importune... et a cent sous en perspective...

Il faut rattacher à ces métiers plastiques les caprices de la publicité. — Nous avons eu la Femme sandwich, courant les rues, et le Mannequin vivant exhibé dans la vitrine d'un marchand de confections ; la Distributrice de prospectus en costume voyant. — La police a du reste interdit l'exhibition... Mais nous verrons autre chose... Dieu sait quoi.

L'Imprimerie a un nombreux personnel féminin.

Les machines de Linotypie, particulièrement introduites en France par M. Walter Behrens. donnent à la femme un travail propre et peu fatigant.

La Couture appliquée, en dehors des robes et manteaux, offre des branches innombrables d'industrie.

La *Lingerie*, peu payée, fatigante pour la vue, n'a pas grand succès à Paris. La lingère est concurrencée par le travail des couvents, des entreprises charitables ou campagnardes. Elle convient aux natures un peu passives qui peuvent « perler » un ouvrage monotone.

La Corsetière en tant qu'ouvrière gagne sa vie. Comme patronne, le métier devient mauvais. Les couturières font le corset ; la corsetière doit faire au moins le peignoir, le jupon... — et se débattre contre les grands magasins.

Il y a les *gantières* et les *giletières*.

L'aiguille se prête aussi à la confection des *Robes de poupées*, des *Cravates*, des *Abat-jour*, des objets montés tels que *Sachets*, *Coussins*, etc., etc.

Associée à l'adresse et au goût, la couture contribue à la fabrication des *Jouets*, des *objets de cotillon*, des *Articles de Paris*.

La TAPISSERIE utilise encore l'aiguille. Il n'y a pas grand apprentissage pour l'assemblage des lés de tapis. Si ce n'est pas très difficile, c'est en revanche très fatigant. On n'imagine pas combien est dur de travailler sur le sol, dans des poses plus ou moins courbées, agenouillées, surtout quand la femme est grasse. Ajoutons à cela que la plupart du temps elle est dans les courants d'air d'un local en voie d'installation.

Lorsqu'elle appartient à une forte maison, elle n'a pas de chômage. — Pour les petits tapissiers, elle travaille aux pièces, et n'est jamais sûre d'un gain régulier.

La *Tapissière en Ameublement* a un métier un peu plus difficile que la précédente. Elle est aussi un peu plus payée, et généralement à la journée. — Sa fatigue change de genre. Elle est souvent obligée de rester des heures sur l'échelle, les bras en l'air, pour poser des petits galons, ou faire des ouvrages minutieux.

Je voudrais que tous ceux qui font travailler les femmes (et les hommes) se rendissent compte des petites souffrances inhérentes à chaque profession. On n'y pense pas ou on les ignore. Si on les connaissait mieux, on serait plus pitoyable, plus humain, plus chrétien.

Les Ouvrières des Raffineries n'ont pas la vie douce, les pauvres créatures ! Elles sont employées à ranger dans des caisses les morceaux cassés à la mécanique. Et le sucre leur ronge les doigts d'une manière très douloureuse. Leur salaire est faible. Je sais qu'elles sont à plaindre.

Les Enfileuses d'Eponges ont un travail très malsain, dans une perpétuelle et froide humidité. Elles ont un gain dérisoire.

Les Polisseuses d'Ecailles sont presque toutes démoralisées par la boisson. Elles vivent dans une poussière desséchante qui ruine leur larynx et leurs bronches.

Je ne veux pas faire croire que je flatte la démocratie. Pour moi, selon le Christ nous sommes tous frères. Je plains le riche et le puissant, parfois ; mais je ne le hais pas, même quand il n'a pas conscience de ses torts. Et parmi ceux qui pêchent par ignorance, par insouciance, il faut classer sur-

tout les jeunes gens frivoles. Ils oublient trop que
chaque objet de leur parure ou servant à leur plaisir, a coûté plus que le salaire dont il a été rétribué, car l'argent ne paye pas l'usure de la santé ou
de la vie. les risques du métier, les conséquences
de celui-ci. Ayons donc une pensée pour ceux qui
s'aveuglent, qui s'empoisonnent, qui se minent
lentement à gagner du pain ; cela nous rendra
moins vaniteux de la supériorité sociale que nous
devons à notre rang, à notre fortune, à notre suc-
cés, *à notre chance.....*

Et reprenons notre petite momenclature :

Les FLEURS et PLUMES, la CHENILLE et la PAS-
SEMENTERIE ont souvent à subir les caprices de la
mode. Il y a des moments où leur spécialité ne
« marche » pas. Et malheureusement on observe
que la fantaisie de la cliente met généralement une
dizaine d'années avant de revenir à la parure dont
elle s'était détournée.

LES OUVRIÈRES DE LA STÉARINE font un travail
assez peu fatigant et propre. Elles conduisent des
machines ou empaquètent les bougies fabriquées.
Est-ce parce que cette industrie est généralement
méridionale, ou parce que la « journée de huit
heures » sans surmenage et dans de bonnes conditions hygiéniques plaît à ces laborieuses?... Toujours est-il qu'elles sont gaies, — et ne se plaignent
pas. Le salaire est de 1 fr. 75 à 2 fr. 50 par jour.

Les Aréonautes seront peut-être bientôt plus nombreuses et plus utilisées que ne le soupçonnent ceux qui regardent en l'air sans éprouver l'envie ou le courage d'y aller voir. Les femmes-pilotes, dont madame Surcouf fut la première, vont certainement se multiplier. Elles gagneront leur vie tout aussi bien que les *watwomen*.

Du reste, aujourd'hui, il faut s'attendre à tout. Nous avons une *femme banquier* à Paris, qui est d'une rare valeur. Nous savons que la *femme jockey* a fait son apparition sur les hippodromes américains. Les *femmes maîtres d'armes*, les *professeurs de natation*, de *gymnastique*, de *patinage*, de *bicyclette*, se multiplient et se multiplieront. Il faut souvent saisir l'opportunité, et un peu en marge des professions connues celle qui peut être très lucrative. Ainsi, on a vu ces temps-ci des *leçons de bridge* fort bien payées.

Les Monteuses de brosses travaillent chez elles, à la pièce. C'est un métier peu fatigant, à choisir quand on a la vue faible, puisque les aveugles s'en font une spécialité. L'adresse des doigts est tout.

Les Industries textiles emploient toutes des ouvrières.

Les filatures de *Lin* et de *Coton* sont peu nombreuses, le travail n'exige pas grand apprentissage. Les femmes qui mettent en bobines, en écheveaux, en boites, ont une tâche douce, non malsaine, régulière, assez recherchée dans son humble cercle.

La Laine, par contre, est d'une malpropreté repoussante. Les toisons dégagent d'affreuses odeurs, recèlent des parasites et semblent présenter de réelles conditions d'infection. — Choses curieuses : les statistiques démontrent qu'au contraire la mortalité est moins grande dans les manufactures où l'on travaille la laine que dans les autres.

Dix heures d'atelier rapportent un salaire de deux francs, — chiffres moyens.

Bien pire encore est le sort des femmes qui sont dans l'*Industrie Séricicole*. Le progrès n'est pas entré dans les magnaneries. — L'odeur, la malpropreté, la besogne peu ragoûtante, sont de nature à éloigner toute personne qui ne s'y est pas accoutumée dès l'enfance. — Aussi, les magnanarelles, poétisées par Mistral, sont-elles presque toujours enfants du pays.

Le salaire maximum des éleveuses de vers à soie est de 1 fr. 75 pour neuf ou dix heures de travail.

Notre outillage est médiocre, inférieur à celui de l'étranger, les installations sont contraires à toutes les règles d'hygiène... Je cite madame Ida-R. Sée, qui en parle dans la *Française* avec une indiscutable compétence et s'élève surtout contre le système de l'internat usité dans certaines usines :

« Dans quelques petites villes de la Drôme, les

patrons embauchent à la campagne, des ouvrières
qui, vu la distance et la difficulté des communications, restent toute la semaine à l'usine ; elles y
ont un réfectoire, un dortoir, et ne retournent
chez elles que le samedi soir pour rentrer à l'usine
le lundi matin. Dans quelques-uns de ces inter-
nats, placés sous la surveillance de religieuses,
les ouvrières n'ont pas même un lit individuel...
elles couchent par paires !... Le cubage de l'air
est insuffisant presque partout et l'hygiène est déplorable !... On dira : « Ces filles de la campagne
ne sont pas des princesses, elles n'y regardent
pas de si près. » Sans doute, mais elles se con-
taminent plus souvent qu'on ne le croit, en vivant
dans une promiscuité aussi étroite les unes avec
les autres.

. . . .

« L'alimentation dans certaines usines du sud-
est de la France est réduite au minimum : l'ouvrière apporte ses provisions : pain, fromage,
lard, pommes, noix, un peu de vin ; elle trouve un
petit supplément à l'usine pourvue de cantines,
mais son salaire si réduit ne lui permet pas toujours de consommer l'aliment réparateur, et c'est
là, sûrement, une cause de déchéance physique :
l'anémie ronge presque toutes ces ouvrières, ou-
vrant la porte à la tuberculose dès la naissance
d'un premier enfant. C'est une douloureuse cons-
tation à faire que ce soit justement une industrie
dont la femme retire le plus précieux élément de sa
parure qui soit pour d'autres femmes une source

de souffrances. Quelle mondaine, en drapant son corps du tissu merveilleux, a songé que des milliers de jeunes filles, de femmes, chaque jour pâlissent, s'épuisent devant la bassine nauséabonde où grouillent les cocons producteurs de soie ?... Nulle, sans doute; on ne saurait être si niaisement sentimentale ! Pourtant, à soulever le voile de misères sous lequel végètent ces fileuses ces ouvrières de la sériculture qui réclament aujourd'hui de sages modifications à leur manière de vivre, nous aurons peut-être accompli un devoir de solidarité féminine, puisse-t-il n'être pas tout à fait vain ! »

La Blanchisserie recrutera encore longtemps des laveuses et des repasseuses parmi les filles de la classe laborieuse. Cependant les hommes gagnent du terrain dans la grande entreprise, partout où la machine remplace la main.

Il n'y a guère qu'une soixantaine d'années que le blanchissage se pratique hors de la famille. La classique blanchisserie de Billancourt, de Suresnes, de Boulogne, disparaîtra certainement devant les usines qui se sont emparées des rideaux, des chemises d'hommes, du linge cylindré.

Dans ces exploitations, la femme n'a plus place qu'à l'administration.

Le blanchissage du linge fin, et surtout de la *Dentelle* qui comporte le raccommodage de celle-ci, existera toujours et sera l'œuvre des doigts féminins.

Chacun sait que la plupart des repasseuses souffrent de varices précoces aux jambes ; donc : se reposer le plus fréquemment et le plus longuement qu'on le pourra.

Les jeunes filles devront apprendre à se servir des deux mains pour le fer qui exige une certaine force, et dont la pratique par une seule main, développe un peu un côté du corps aux dépens de l'autre.

La Teinturerie, Le Stoppage, emploient hommes et femmes.

Les Porteuses aux Halles, les Porteuses de Pain, font des métiers dont les hommes devraient être honteux de les voir accomplir les dures besognes.

Les Fabriques de Piano ont aussi des ouvrières garnisseuses de marteaux.

Parmi les professions tout à fait nouvelles, on nous signale les Inspectrices dans les Grands Magasins. Elles sont chargées de surprendre les vols.

Notons une Femme Impresario : Miss Andrew, qui est *manager* de la célèbre troupe Sada Yacco.

Les Baigneuses voient leur métier péricliter. Tous les appartements ont à présent leur salle de bains. Il en résulte que les personnes qui fréquentent les établissements appartiennent de moins en moins, à la classe riche.

Parce que les employées n'ont aucun salaire, les pourboires, les bénéfices des frictions, soins des pieds et des mains, et autres élégances, diminuent à vue d'œil. Et comme, malgré cela, les jours de presse il faut que les titulaires se fassent aider à leurs frais, elles ne gagnent plus facilement leur pain quotidien.

Elles se placent par la Chambre syndicale. On débute comme aide, à 4 francs par jour. On fait les ouvrages durs : le nettoyage des baignoires, des cuivres... et les mauvais clients. On apprend « à faire les ongles et les cors » en voyant pratiquer les autres. L'été on va dans les villes d'eaux. On finit généralement par s'établir manucure ou pédicure.

Les établissements de bains perdent considérablement de leur valeur. Les fonds ont diminué de 40 pour 100. Et le personnel de choix n'existe presque plus, en raison de la restriction des avantages.

L'Avocate a été omise par oubli après la Doctoresse où elle aurait dû être placée, dans le présent volume, puisque la profession venait en troisième rang parmi les préférences des femmes qui ont pris part au vote dont nous avons parlé.

Espérons que ce n'est pas l'amour de la parole qui a guidé leur sentiment! Il semblerait que l'obligation de plaider, d'attirer l'attention sur soi, d'affronter les railleries qui n'ont pas encore désarmé devant la toque, le rabat, les grandes manches, les gestes oratoires et la faconde des Avocates. seraient de nature à glacer sinon la timidité qui n'est plus de notre époque — la réserve dont les plus braves de mon sexe aiment à s'envelopper.

Souhaitons que les femmes se soient senties attirées surtout par la beauté du rôle qui consiste à défendre, à sauver parfois l'innocent.

Admettons-le, et voyons ce que vaut la profession au point de vue positif.

Pareille à la Doctoresse, la femme avocat doit posséder une intelligence spéciale, des dons physiques, et... de l'argent.

Il s'agit encore d'un état pour rentière !...

La perspicacité, la facilité d'élocution, le brio, les facettes de l'esprit, sont de précieux appoints. — Mais peut-être le bon sens, la finesse du jugement, certaines intuitions, feront-ils gagner plus de procès que la lutte même brillante de l'avocat en jupons contre les maîtres et les puissantes influences du Barreau ?

La santé n'est pas moins indispensable à l'Avocate qu'à la Doctoresse. Toutefois les études du Droit sont bien moins pénibles que celles de la Médecine. L'exercice de la profession également exige moins de fatigue. — Mais l'effort plus rare est aussi toujours très grand. La solidité des voies respiratoires, de l'appareil vocal, est une condition impérieuse de la réusite dans cette carrière. L'absence de nervosité, le bel équilibre qui entretient la mémoire et procure le sang-froid n'appartiennent qu'au corps sain.

La somme nécessaire aux études, du baccalauréat au doctorat, est évaluée à une quinzaine de mille francs, en comptant les frais d'existence.

Momentanément je ne vois guère de favorable, au point de vue lucratif, que le rôle d'avocat-conseil — et le professorat, car on commence à comprendre que la connaissance du Droit usuel est aussi utile à la femme de foyer et à la commerçante, qu'à la plupart des hommes. Mademoiselle Chauvin, si je ne me trompe, enseigne déjà dans un lycée de jeunes filles.

Cependant, devant le premier Conseil de guerre de Paris, madame Maria Vérone, la récente avocate, a plaidé avec succès; et, à son propos, le commissaire du gouvernement a introduit, comme féminin de défendeur, le mot *défenderesse* : « Madame la Défenderesse », a-t-il appelé madame Maria Vérone. Le terme sera sans doute consacré.

Arrêtons-nous sur une profession peu connue, celle de SOUFFLEUSE employée, paraît-il, dans des théâtres même fort importants.

J'avoue en ignorer les conditions. Je ne la cite qu'à titre de curiosité.

QUELQUES EXEMPLES DE SUCCÈS
PERSONNELS

J'ai dit au début de cette série d'études que je crois surtout à l'intelligence et un peu à la chance.

Nous allons voir que des intuitions, que des dons de persévérance, d'initiative, ont pu servir beaucoup de femmes et leur permettre de se créer une situation en dehors des chemins battus. — L'énergie a certainement raison de bien des obstacles.

Mais les plus arrivées, si elles ne sont pas orgueilleuses, feront la part du bonheur qui les a favorisées.

Au moment où je parle ainsi, je pense à un exemple que j'ai près de moi : entre la Chaussée-d'Antin et la gare Saint-Lazare, deux grands magasins de nouveautés et une banque puissante ont acheté des quantités d'immeubles. L'impulsion donnée, il s'en est suivi que tout le quartier est devenu centre de bureaux, et que tous les locataires dits : bourgeois, sont partis. — Il en résulte que les petits marchands de denrées, bouchers, épiciers, crémiers... les petits merciers, les petits coiffeurs, ont vu leur clientèle s'envoler, leurs recettes baisser des trois quarts, et leurs fonds perdre toute valeur. Ces gens-là sont en partie ruinés, sans qu'il y ait de leur faute.

Par contre, tel restaurant à prix fixe voit florir sa prospérité en raison du nombre de déjeuners qu'il sert à des employés... — Qu'a-t-il fait pour mériter cela? — Absolument rien.

Donc il faut marcher dans la vie avec espoir et prévoyance tout à la fois; *Espoir*, parce qu'on n'a jamais fini de jouer sa partie et de courir la chance d'un beau coup ; *Prévoyance*, parce qu'en plein succès on doit admettre la possibilité du revers, et se garder au moins contre l'infortune absolue, par les précautions possibles.

La femme la plus à plaindre, nous le savons, est celle que la ruine atteint, quand elle n'est plus toute jeune.

Une collaboratrice et amie me dicte ceci :

« Quelques-unes tentent la pension de famille. Celles qui n'ont pas un petit capital qui leur permette de s'assurer au moins un an de loyer et les frais d'installation, peuvent prendre des pensionnaires.

« Par exemple, une veuve que je connais a sa fille professeur dans une école. Ces dames on toujours deux pensionnaires danoises ou norvé

giennes qui paient chacune 200 francs par mois.
plus des suppléments de chauffage et d'éclairage.
Ces quatre cents francs mensuels assurent le loyer,
la domestique et la nourriture des cinq femmes(1).
Le loyer est de 1.200 francs. En dehors de leur
chambre, les pensionnaires ont droit au repas — à
la table de famille, bien entendu — et au piano
dans le salon.

« La maîtresse de la maison fait son marché
elle-même, surveille la cuisine, est fort occupée.
Mais elle peut épargner tous les gains de sa fille. »

A ceci, je répondrai que certainement il y a de
nombreux exemples de succès dans cette profession de *logeuse* comme il faut. J'en connais aussi.
Par contre, je puis citer un nombre encore bien
plus imposant de pauvres gens ayant contracté
des dettes dans l'espérance de réussir, et qui ont
achevé de s'enfoncer.

Les pensionnaires s'envoient les uns les autres,
quand on a commencé presque sans prémédita-
tion. Qu'une personne déjà installée, ayant son
matériel, saisisse l'occasion de recevoir une de ses
connaissances... — puis s'en trouvant bien, en
recherche d'autres, et en rencontre au point d'être
obligée de « s'agrandir », — rien de mieux.

Mais faire des frais, prendre des charges, dans
le désir d'avoir des pensionnaires, est une chose
à laquelle il est bon de regarder à deux fois.

Il faut encore penser que l'on a des moments où,

(1) On ne doit pas très bien manger, dans cette maison-là !

par malchance, le locataire « ne vient pas ! »... Alors on renvoie la bonne, on éteint les feux... Et si le hasard vous ramène quelqu'un à l'improviste, ce quelqu'un prend la fuite à la vue de la tristesse de la maison.

Car une des causes du succès, c'est d'avoir un intérieur gai, agréable, des relations dont on fasse profiter les hôtes. A la première maladie, au premier deuil, la « pension » se vide. Voilà ce qu'il est nécessaire de savoir, non pas pour vous détourner du métier, mais pour songer à toutes les prévisions. Il n'est même pas inutile de constater que les plus grandes déceptions se produisent en raison des plus grands espoirs. Ainsi la dernière Exposition Universelle fut cruelle à plusieurs familles qui avaient pris leurs mesures pour loger les étrangers.

Un bon avis à recueillir au milieu des indications de ma correspondante, c'est que les dames dont elle nous a parlé ont fait de l'annonce dans les journaux de Copenhague.

Je suis persuadée de la supériorité de la publicité locale, en l'occurrence, sur celle des feuilles françaises. Notons que le titre de « professeur », appartenant à la demoiselle, a dû aider au recrutement des pensionnaires. C'était une garantie.

Autre exemple offert par notre collaboratrice :

« Une mère avec cinq enfants... Le mari subitement devenu aveugle.

« Elle a placé chaque fillette dans un pensionnat anglais où l'enfant est instruite et reçue gratuitement à la seule condition de parler français avec ses petites compagnes. Les deux garçons restés avec elle font leurs études pour entrer à l'Ecole Normale. En outre, la vaillante femme a cherché pour son mari des leçons de diction et conversation à 1 franc l'heure avec de jeunes étrangers, afin qu'il ait une distraction et ne se sente pas isolé ou à charge. De plus, elle a, dans son appartement, ouvert à midi et à sept heures du soir une sorte de Table d'Hôte par abonnement, pour des jeunes gens étudiants ou célibataires qui veulent fuir les restaurants et la nourriture frelatée. Les repas sont à 2 francs, vin compris.

« D'après ses propres dires, toute la famille est nourrie, la servante est payée, sur le rendement de cette table d'hôte. »

C'est parfait. On peut penser à cette ressource, aux leçons de conversation, à tout ce que nous venons de voir... Mais il n'est pas dit que l'on recueille un égal succès. Le physique, le quartier qu'on habite, mille circonstances ! peuvent faire échouer là où d'autres réussissent.

Je tiens à répéter sans relâche qu'il ne suffit pas de dire : « Je veux faire ceci parce que madame X... l'a fait », ni non plus d'afficher à sa porte « Table de famille » pour faire monter les convives.

Prenez des idées, tâtez le terrain prudemment ; voyez si vos facultés répondent au programme...

Autre modèle dans le même esprit :

« Une vieille demoiselle, une institutrice possédant une petite rente de 1.000 francs, a un appartement de 500 francs dont elle loue la chambre à coucher, se contentant elle-même d'une alcôve dans la salle à manger. Les locataires sont des Allemandes qui se succèdent sans discontinuer.

« Cette unique pensionnaire paie 150 francs par mois, sans chauffage ni éclairage. Il n'y a qu'une femme de ménage qui vient pour les gros ouvrages le matin, moyennant 10 francs par mois.

« Il paraît que cette demoiselle suffit à tout avec les 140 francs, et qu'elle peut mettre de côté 400 francs par an. »

Je veux bien le croire, tout en engageant mes Lectrices à ne pas se fonder là-dessus. Je m'étonne que des étrangères se contentent, pour un prix déjà assez important, d'une pension aussi modeste. Quel peut être le logement de 500 francs à Paris ?... Quel service peut-on attendre d'une personne déjà âgée, qu'un malaise peut mettre hors d'état de faire le travail ?... Que cette demoiselle soit assez sympathique pour remplacer le confort par le charme de sa nature, cela se peut. Que tout le monde réussisse à en faire autant... c'est improbable.

Je tiens à ce que l'on comprenne que mon scepticisme n'a pas pour but de *décourager*, mais seulement *d'éclairer*.

Deux derniers exemples de l'énergie féminine :

— Une jeune femme ayant une mère paralytique a cherché et trouvé, par l'entremise des journaux américains de Paris, l'emploi de ses matinées ; elle va dans une famille riche dès 8 heures du matin et y reste jusqu'à midi ; remplit les corvées de maîtresse de maison, prend les comptes, surveille la cuisine, la lingerie, l'appartement, ordonne les menus, s'occupe des fleurs, des plantes, téléphone aux fournisseurs... Le soir, quand il y a dîner, elle revient de 6 à 7 heures inspecter la table et tout l'hôtel en général. — Elle est payée 150 francs par mois et ordinairement, si elle le veut, déjeune avec la famille qui est charmante pour elle.

— Une jeune fille parlant admirablement l'anglais s'est fait dans un hôtel de famille une spécialité d'accompagner des Américaines ou des Anglaises ne sachant pas le français, pour visiter Paris ou procéder à des achats... On lui donne 5 francs pour la demi-journée, ou 10 francs la journée entière (elle loge dans la pension, est nourrie et partage son gain avec la maîtresse de l'hôtel... Cette dernière combinaison est ignorée des voyageurs). Le soir elle accompagne au piano, fait danser, « présente » les uns aux autres... En moyenne, tous frais déduits, car il faut une mise élégante, elle se fait 100 francs par mois nets... Elle déclare que les Américaines et les Anglaises sont délicieuses et la comblent de petits cadeaux.

Tout arrive ! — et je joindrai, aux précédents exemples, la dame qui a posé comme modèle pour les peintres... Elle ne donnait pas l' « ensemble », par conséquent elle n'avait pas à se dévêtir. L'originalité de son type, la couleur étrange de ses cheveux « amusaient » les artistes. Cela dura quelques saisons, puis ce fut fini... Elle était trop connue.

Nous avons eu — je l'ai dit — le Professeur de Bridge, en ces dernières années... Faut-il, parce que cela se payait dix francs l'heure, inscrire au rang des professions sérieuses le Professeur de Jeu?...

Une jeune femme, poète... que nous rangerons dans les médiocres, sans qu'elle s'en fâche, car elle n'a pas la ridicule prétention de faire oublier Hugo, Musset et Lamartine, — a trouvé moyen de gagner de l'argent avec ses vers, en faisant des pièces aimables, en les disant elle-même, en organisant des matinées régulières, pour les familles, par des combinaisons qui lui permettaient de faire le spectacle à bon marché. De là à se charger de l'organisation des soirées mondaines, il n'y avait qu'un changement de geste à faire... Qu'une autre veuille l'imiter, on verra le résultat.

On a cité la « Conférencière pour enfants », qui court les Matinées enfantines racontant jusqu'aux vieilles histoires de Perrault, mais sachant les commenter et au besoin les illustrer de projections lumineuses.

La « Metteuse en scène » pour réceptions, organisant les dîners grecs, les petits soupers Louis XV, les agapes moyen âge, etc., etc. Erudite, adroite, elle prête de l'esprit artistique aux maîtresses de maison qui n'en ont pas.

La « Conservatrice de bibelots » passe — comme l'horloger — dans les intérieurs où elle se charge de l'entretien des belles choses. C'est elle qui surveille les tableaux, les saxes, les antiquités.

Elle en répond, elle les répare au besoin : elle est connaisseuse et conseille les achats. Excellente au service des parvenus.

A l'autre bout de l'échelle sociale, on a vu une malheureuse gagner son pain noir en faisant « l'Épouvantail des oiseaux ». Armée d'un fouet de roulier, par ses claquements elle fait fuir les gourmands de cerises mûres ou de graine fraichement semée.

Une artiste, victime d'un accident qui l'éloignait à jamais de la scène, a gagné sa vie et celle de sa mère infirme, en plaçant des boîtes de plumes.

Mendicité déguisée certes! et que je ne conseillerai à personne. Pourtant elle eut raison de s'y résigner. Comme elle avait beaucoup de relations et qu'on la savait digne d'intérêt, on osait lui donner des adresses et la recommander. La plupart de ses « clients » lui réservaient la fourniture complète nécessaire à leurs besoins. Quelques-uns ayant des bureaux lui faisaient d'importantes commandes. A

ceci venait s'ajouter l'aide discrète que l'occasion
permettait, sous forme de cadeaux en nature.

Quelques femmes entre deux âges, instruites,
intelligentes et comme il faut, se sont faites « cicé-
rone » à l'étranger, particulièrement en Grèce et
à Rome. Pourquoi n'auraient-elles pas les mêmes
fonctions en France ?

Je m'arrête.
Bien résolue à dire la vérité toujours, je l'ai dite.
En finissant, je dois mettre en garde les personnes croyant sur parole certaines femmes qui
affirment gagner des sommes importantes par tel
ou tel travail. Il faut aller au fond des choses quand
on ne veut pas être leurré.
Il y a les « bluffeuses » qui espèrent se « lancer »
en mentant hardiment.
Il y a celles qui ont des ressources qu'elles ne
veulent pas avouer, et qui se donnent l'*air* de travailler honorablement pour cacher des métiers
inavoués. Ceux-ci ne sont pas toujours l'inconduite,
comme on pourrait le supposer. Il y a des complaisances, des délations, des entremises... Il y a encore des gains illicites, des héritages honteux, des
participations à des entreprises, dont on veut bien
le profit mais non la déconsidération.
Conclusion : le travail est dur pour la femme. Il
est rarement *très* rémunérateur. Pourtant il peut
être joyeux. Acceptons-le donc avec franchise.
Sourions-lui... Il nous sourira alors assez souvent.

Et quand il apporte le salaire honorable, celle qui s'y est vouée a sa part de bonheur, au moins en ce qui constitue l'estime de soi-même, la dignité de la vie, et l'indépendance morale.

Croyez-moi ; à part la mère ou l'épouse, dont les devoirs sont assez nombreux et assez hauts pour remplir sa vie, il y a plus de bonheur pour la femme laborieuse que pour la rentière. Et, sauf quand l'âge vient du repos, je n'hésite pas à préférer 6.000 francs par an, *gagnés*, à 10.000 de revenu. — Chaque état a ses joies, ses avantages, en compensation des duretés du début.

INDICATIONS DIVERSES

J'engage très vivement nos Lecteurs et Lectrices à chercher dans les pages suivantes une quantité de renseignements précieux parvenus pendant le tirage du volume, que je ne pouvais introduire dans la composition revêtue du « bon à tirer », et qu'il eût été vraiment dommage de laisser perdre.

On me sait trop ordonnée pour croire que la négligence est cause de l'apparent désordre dans lequel vont se présenter les notes ainsi recueillies. Si je fais une sorte de « pot-pourri » de mes adresses, conseils et indications diverses, c'est justement pour obliger à les lire. Si je les classais, on les délaisserait en raison de leur monotonie. En les donnant « pêle-mêle », je pique la curiosité de chacun ; j'éveille le juste espoir de rencontrer l'imprévu parmi eux.

On ne sera pas déçu.

L'Office du Travail féminin organise des congrès et peut fournir des renseignements très sûrs à propos d'une infinité de questions, et de toutes les carrières ouvertes à la femme.

Adresse : 53, rue Ampère.

École professionnelle de la Broderie, 7, rue de Poitou. Les emplois de maîtresse brodeuse sont obtenus au concours. Ils comportent cinq heures de service quotidien. Les appointements sont de 1.800 francs, peuvent s'élever par augmentations successives jusqu'à 2.600.

On s'inscrit à l'École. Les postulantes doivent être françaises, âgées de vingt ans au moins et de trente ans au plus, le jour du concours.

Il y a des cours *gratuits* professionnels d'Infirmières, le soir, à la Salpêtrière, à la Pitié et à Lariboisière !

Le Syndicat des Femmes Caissières, Comptables et Employées aux Écritures a des cours professionnels *gratuits*, d'entraînement et de perfectionnement. Mais ils sont réservés aux adhérentes du syndicat. Pour renseignements, s'adresser, *le soir seulement*, de 8 à 10 heures 134 rue de Turenne, près la place de la République.

École Élisa Lemonnier : *Dessin professionnel.* Et autres écoles similaires : 2, rue Bouret ; 20, rue

Fondary; 14, rue Bossuet; 77, rue de la Tombe-Issoire.

Écoles Ménagères ou professionnelles, dans les IIIe, Xe, XIVe, XVe, XVIIIe, XIXe arrondissements. S'informer dans les mairies.

Les demandes d'admission à l'École des Infirmières de l'Assistance Publique doivent être adressées au directeur de l'Administration générale de l'Assistance Publique 3, Avenue Victoria, Paris. Se renseigner à cette adresse, ou à la Salpêtrière, 47, Boulevard de l'Hôpital. — Un examen médical d'aptitudes physiques est imposé aux candidates.

Société des Femmes Peintres : Pour tous renseignements écrire à madame Huillard, 2 bis, boulevard Bourdon. Neuilly-sur-Seine.

La Chambre syndicale des Femmes sténographes a des cours de sténographie appliquée, de langues étrangères et de comptabilité. Bourse du Travail, 35, rue J.-J. Rousseau.

Le Cercle du Travail Féminin, 35, boulevard des Capucines, est une association sans caractère confessionnel ni politique, d'aide mutuelle et d'amélioration matérielle pour la création d'un foyer, d'un centre de distractions et d'amitiés. — Cotisation : 6 francs par an, payables 0 fr 50 par mois. — Restaurant à très bas prix. Thé dans la journée: 0 fr. 25. — Bibliothèque. — Soirées hebdomadaires en hiver. — Promenades aux environs de Paris en été. — Colonies des vacances (1 fr. 50 par jour). — Cours gratuits de toute espèce. — Placement facilité. — Service médical et pharmaceutique. — Relations avec diverses autres sociétés d'utilité mutuelle. — Avantages divers.

Haut patronage. — Récompenses aux Expositions.

Au cours d'impression de ce volume, le journal la *Française*, si dévoué à la cause du travail féminin, a publié un article de Parrhisïa sur les INFIRMIÈRES. J'en détache ce très important passage, qu'il est inutile de démarquer quand on peut le citer confraternellement. Il s'agit de la création d'une école modèle d'Infirmières à la Salpêtrière :

« Les infirmières seront logées très confortablement et posséderont chacune leur chambre, très claire et très aérée. Il ne leur sera loisible de sortir qu'une fois par mois, et encore sous la conduite d'un parent, tuteur ou répondant. (Cette clause me paraît bien *vieux jeu*, mais enfin!... l'intention est excellente). La première année de l'enseignement sera presque entièrement théorique; la seconde, plutôt consacrée à la pratique.

« A la suite de ces deux ans d'études et après l'obtention d'un diplôme, elles devront s'engager à rester trois ans dans l'administration.

« Mais pendant ces deux années d'études, elles

seront gâtées, les petites infirmières! Nourries, logées, blanchies, habillées et instruites aux frais de l'administration, elles recevront encore pour leurs menues dépenses, dix francs par mois pendant la première année, et vingt francs pendant la seconde. A la fin de chacune de ces deux années, elles subiront un examen qui permettra de faire une sélection parmi les futures infirmières, et en outre des excellentes leçons des professeurs de la Salpêtrière, dont fait partie le docteur Blanche Edwards-Pillet; elles iront régulièrement étudier l'obstétrique dans les diverses maternités de Paris.

« Elles étudieront aussi un peu, dans les superbes cuisines installées au sous-sol de l'établissement, l'art de confectionner ces bons petits plats sucrés destinés à réveiller l'appétit des pauvres malades.

« Voici donc un bel avenir qui se prépare pour la profession d'infirmière. Si elle a été ravalée, cette noble profession, cela tient tout d'abord au manque d'instruction et d'éducation, en général, des infirmières envoyées dans les familles où, par cela même, elles étaient considérées comme des subalternes. Aussi devons-nous applaudir au programme qui, exigeant un examen équivalent à celui du brevet simple, pour le moins, et ensuite deux années d'exercice, nous promet pour l'avenir des infirmières émérites qui seront non seulement instruites, adroites et expérimentées, mais encore élevées à l'école du dévouement et de l'abnégation dont leur donnent l'exemple leurs professeurs, maîtres éclairés et utile à la cause de l'humanité souffrante.

« Avec des mains agiles, des esprits cultivés et des cœurs généreux, nos futures infirmières ne sauraient manquer d'élever au rang des plus nobles, une profession qui, par elles, exercera, n'en doutons pas, une influence salutaire sur la santé physique et morale des générations présentes et futures. »

La question de la nourriture est extrêmement importante pour tous ceux qui travaillent.

Je ne crains pas d'insister sur l'excellence du régime presque végétarien. Je préférerais le régime complètement végétarien, et j'en expliquerais volontiers les avantages de toutes sortes, si cette digression ne sortait pas du cadre des présentes pages. Je concède à ceux qui ne le connaissent pas ou qui s'effrayent de la difficulté de composer des menus, quelques infractions au pur végétarisme, mais je les supplie du fond de ma conscience de répudier absolument la viande et le poisson en tant que *base* de leur alimentation.

Ceci dit, je conseille à toutes nos humbles travailleuses de préférer aux abominables gargottes le modeste déjeuner dans les petites crèmeries si bien fréquentées aujourd'hui, où l'on peut se faire servir deux œufs, du lait, du café, du thé, du pain et du beurre à des prix fort modiques.

Celles qui peuvent rentrer ou vivre chez elles,

ou se cuisiner rapidement sur un réchaud à gaz,
ainsi que cela se pratique souvent dans certaines
administrations paternelles, un petit repas économique, sont les plus favorisées.

L'Oxo de la Compagnie Liebig permet la préparation instantanée d'un excellent bouillon dans
lequel on peut mettre du pain, des pâtes, des légumes, du tapioca... — Préfère-t-on un potage à
base de légumes, des pâtes au fromage, des œufs
au jus, un petit ragoût quelconque?... Une cuil-
lerée d'Extrait de Viande Liebig donne au mets le
plus vulgaire une saveur exquise, des qualités
nutritives extraordinaires, — et cela avec une
promptitude étonnante, car le *véritable* Liebig est
connu pour être la providence des cuisinières en
retard !

En fait de valeur nutritive, à toute personne
ayant l'estomac fatigué, je recommande la célèbre
Phosphatine Fallières, incomparable pour l'alimentation des enfants et des vieillards... Combien
d'adultes, se rappelant quelle gourmandise avait
été pour leur enfance cette délicieuse phosphatine, y reviennent quand leur estomac délabré est
pareil pour la sensibilité à celui d'un nouveau-né
trop tôt sevré !

Qui dira les bienfaits, le secours, la commodité
d'une tasse de thé ou de chocolat, selon les goûts
et les exigences de l'organisme !...

Seulement, il faut se défier des thés dits de
Ceylan qui sont extrêmement irritants, et que les
grands médecins anglais eux-mêmes ont reconnus

coupables d'engendrer diverses affections ner-
veuses, et surtout le « théisme » qui pour certains
organismes est l'équivalent de l'alcoolisme.

De même les chocolats qui ne sont pas des chocolats, mais des composés chimiques indescrip-
tibles, sont lourds et malsains. Ils occasionnent
des échauffements, des lourdeurs de tête, des
malaises qui cessent lorsqu'on en abandonne la
consommation.

Je recommande en toute confiance, et après de
longües années d'usage, les thés et le chocolat de
la Compagnie Coloniale, d'une loyauté incontestée,
et desquels on peut presque faire abus, sans en
souffrir aucunement. Le chocolat du .Planteur,
meilleur marché, suffit à des palais moins délicats ; malgré l'infériorité de son prix, il est parfaitement sain.

Maintenant je signalerai les Restaurants pour
Dames, conçus dans une pensée philanthropique.

Le premier a été créé par l'Union chrétienne
des ateliers de femmes, place du Marché-Saint-
Hônoré, 27, et rue Richelieu, 47. En voici les prix :

Potage.	0 15
Pain.	0 05
Viande et légumes	0 60
Vin, café, lait	0 10
Dessert	0 10
Œuf	0 10
Serviette.	0 10

On peut également, dans ces deux maisons, prendre un repas à prix fixe pour 0 fr. 90 (pain, vin, bière ou lait, un plat de viande, un légume, un dessert).

Le Restaurant féminin de la rive gauche, 21, rue du Bac, fondé en 1896 par la Société des Restaurants féminins de la rive gauche, où l'on a un repas complet pour 0 fr. 90.

Le Restaurant économique pour dames que s'est annexé l'Union parisienne des institutions féminines, 12, rue du Parc-Royal, dont les prix sont les suivants :

Omelette, 0 fr. 30 ; café noir, 0 fr. 10 ; plat du jour, 0 fr. 50 ; bifteck, 0 fr. 45 ; salade, hors-d'œuvre, 0 fr. 10 ; serviette, 0 fr. 10.

Le Foyer de l'Ouvrière, dû à l'initiative de quelques ouvrières parisiennes, donne pour 0 fr. 60 à 0 fr. 75 un repas substantiel dans ses quatre établissements : 60, rue d'Aboukir ; 35, boulevard des Capucines ; 12, rue de la Victoire ; 67, faubourg Saint-Denis.

Le Foyer du Roule, 170, faubourg Saint-Honoré, donne également des repas au prix fixe de 0 fr. 90.

L'Œuvre familiale des Ouvrières, 74, rue d'Hauteville, comporte également un restaurant dont les prix sont :

0 fr. 65 pour le repas de midi (un plat de viande, un légume, un dessert, pain, vin) et 0 fr. 35 pour le repas du soir (potage, légume).

Ces différents restaurants sont ouverts à toutes

les dames ou jeunes filles sans distinction de culte
ni de profession. Bien que créés plus spécialement
pour les ouvrières, les employées de commerce,
institutrices, professeurs, étudiantes, etc., y sont
également admises.

En terminant ce paragraphe de l'Alimentation,
je veux glisser un petit conseil de la plus haute
importance : Que *toutes* les femmes, mêmes si
elles se portent bien, *même si elles croient n'en
pas avoir besoin*, prennent chaque jour, et peut-
être plusieurs fois par jour, un laxatif quelconque,
de leur choix. Je n'en préconise aucun ; chaque
tempérament a ses exigences ; certaines personnes
se contentent de deux verres d'eau pure, matin
et soir ; d'autres ont besoin de la tasse d'eau
bouillante ; celle-ci veut son bi-carbonate, sa ma-
gnésie, sa rubarbe, ses « herbes... » — Je le
répète ; peu importe, pourvu que le résultat soit
obtenu.

Par ce système, jamais de malaises, jamais de
purgations, jamais d'interruption dans le travail.
— N'écoutez pas ceux qui diront que cela fatigue
les voies digestives... Il faudrait alors dire que le
coup de balai use le plancher !... Je certifie avoir,
par ce système, équilibré des santés très fâcheuses,
ou sauvé des animaux près de mourir. Et des dix,
quinze, vingt ans d'expérience prolongée, m'en ont
démontré l'efficacité en même temps que l'inno-
cuité.

J'aurais bien d'autres choses à dire, mais cela

m'entraînerait hors de notre programme. Revenons-y :

J'emprunte encore *à la Française* ces lignes concernant l'École des Arts décoratifs, située rue de Seine, 10 *bis*.

« Nous voyons figurer au programme, avec le dessin d'ornement, linéaire, géométrique, de figure et d'anatomie, des cours de dessin industriel, de broderie et d'objets usuels.

« Dans de très intéressantes expositions, les visiteurs ont pu admirer, à côté d'ornements fantaisistes, de fleurs fraîches et vivantes, de têtes d'expressions variées, de corps humains solidement campés, des objets d'usage domestique, tels que saladiers, couverts, vases et jusqu'à des parapluies !... mais tout cela gracieux, léger, nouveau, avec des enroulements qui donnaient de la poésie à l'objet le plus vulgaire.

« Donc une jeune fille qui aura suivi tous les cours de l'école des Arts décoratifs, pour peu qu'elle ait profité de l'enseignement qui lui est largement ouvert et donné par d'excellents professeurs, sera apte à se faire une situation très lucrative, soit dans le dessin industriel, pour tapissiers, joailliers, orfèvres et autres industries de luxe, soit dans la broderie d'or et d'argent, dans la dentelle, enfin partout où les beaux-arts peuvent s'appliquer à l'industrie, soit encore dans le professorat.

« Pour entrer à l'École nationale des Arts décoratifs dont l'enseignement est gratuit, il faut passer un concours d'admission qui a lieu deux fois par an.

« Les inscriptions pour ces concours sont reçues à la fin des mois de septembre et de février.

« Les jeunes filles qui désirent être admises doivent :

« 1° Avoir au moins treize ans accomplis et au plus vingt-cinq ans ;

« 2° Se faire inscrire au secrétariat de l'école, munies de leur acte de naissance ou du livret de famille et accompagnées de leurs parents ou répondants, aux dates fixées avant chaque session et portées à la connaissance du public à l'intérieur de l'école et par voie d'affiches ;

« 3° Subir une épreuve d'admission consistant en un exercice de dessin d'après la bosse.

« Les étrangères ne peuvent être admises à cette épreuve que sur la demande du représentant de leur nation, adressée au directeur de l'école.

« L'école est ouverte le matin à neuf heures trois quarts et fermée à quatre heures de l'après-midi.

« Tous les cours de chaque division sont obligatoires.

« Tous les concours et exercices de cours sont cotés et classés à la fin de chaque mois pour concourir aux récompenses de fin d'année. Chaque cours comprend en outre un concours annuel.

« Avant chaque session d'examen, il y a des interrogatoires, pour la préparation des candidates au brevet de professeur de dessin dans les écoles ou les lycées.

« Les élèves peuvent prendre à l'école leur repas de midi, si elles le désirent.

« Il y a des cours qui ont lieu tous les jours et toute l'année, tel, par exemple, que celui de dessin de figure; d'autres n'ont lieu que de janvier à avril, ou d'avril à juillet, ou d'octobre à février; mais il serait trop long d'en donner ici la nomenclature que l'on trouvera au secrétariat de l'école (rue de Seine, 10 *bis*).

« A partir de janvier, on a congé l'après-midi du jeudi jusqu'en octobre. »

La *Maison sociale*, association ayant pour but l'éducation et l'assistance sociales, a fondé une ÉCOLE NORMALE MÉNAGÈRE située à Paris, 19, avenue d'Orléans (14e arrondissement).

Pour y être admises, les jeunes filles doivent être âgées de dix-huit ans au moins, posséder le brevet élémentaire ou subir un examen d'admission équivalent; elles sont reçues comme internes à l'École. Les cours commencent au 1er novembre pour durer jusqu'en juillet; cette année scolaire complète est bien remplie, car l'examen de sortie comprend des épreuves théoriques et pratiques sur toutes les branches de l'enseignement de l'École, c'est-à-dire :

Théorie culinaire. — Cuisine pratique. — Blanchissage. — Comptabilité ménagère. — Coupe et confection. — Couture. — Lingerie. — Hygiène. — Hygiène de l'enfance. — Physiologie. — Médecine pratique. — Physique. — Chimie.

Pédagogie. — Économie sociale. — Droit usuel.

En outre, nous dit un de nos confrère, M. Apol-leur de Gourbet :

« La Maison sociale a adjoint à son École nor--male ménagère une *École professionnelle ména-gère* recevant, pendant une période de quatre ou de six mois, des jeunes filles qui se destinent au service domestique.

« Ces élèves peuvent être spécialisées comme cuisinières ou comme femmes de chambre et sont placées par les soins de l'École.

« L'enseignement leur est donné par les élèves-maîtresses, ce qui fournit à celles-ci les meilleurs exercices de pédagogie pratique; il comprend la cuisine théorique et pratique, la tenue de la mai-son, les détails du service, les divers nettoyages, le blanchissage, le repassage, le raccommodage, la couture, la comptabilité ménagère, des notions d'hygiène alimentaire et générale ; programme à peu près analogue à celui qui est en vigueur dans les diverses écoles ménagères.

« La plupart des cours de l'École normale mé-nagère admettent des auditrices; bien des jeunes filles, bien des femmes, n'aspirant pas au certificat d'aptitude à l'enseignement ménager, dont la carrière est autre, trouvent grand profit à des con-naissances immédiatement utilisables dans leur propre maison. Les cours d'économie sociale et de droit usuel, où sont étudiées très particulièrement les questions féminines, semblent indiqués pour toutes celles que passionne le mouvement féministe ; elles y trouvent les données fondamentales des problèmes qui s'imposent et le résumé des résultats acquis. Les femmes d'œuvres, les visiteuses des pauvres, etc., prennent aussi volontiers le chemin de l'avenue d'Orléans, dont l'École normale ménagère tend de plus en plus à devenir une *École pratique d'études sociales*.

La Société pour la propagation des *langues étrangères* en France (au siège social, 28, rue Serpente, et dans les diverses sections de la Société). A des cours *gratuits*, 6, rue la Fouarre.

M. Marescot, président de la Chambre syndicale de la DENTELLE, dirigera toutes les bonnes volontés qui se tourneront vers l'industrie à laquelle il se dévoue.

A indiquer l'École de dessin spécial, rue Croix-des-Petits-Champs, sous la direction de mademoiselle Charles.

L'École de LAITERIE de Kerleven (Finistère) admet des fillettes, dès l'âge de 12 ans, à suivre pendant trois années des cours qui les forment à devenir de parfaites fermières, et des femmes de ménage réellement entendues, mais je crois sans l'affirmer que cette école, fondée par le testament d'un bienfaiteur, ne prend que les enfants du pays.

DOMICILE A BON MARCHÉ :
Différentes sociétés philanthropiques ont créé

des bâtiments meublés pour les femmes seules, qui sont à celles-ci d'un secours puissant. Leur unique défaut est d'être édifiées dans des quartiers assez éloignés du centre. Il a bien fallu accepter cet inconvénient, la cherté du terrain, à Paris, obligeant à construire hors les endroits où il coûte des prix fous. Les facilités de communications suppriment aujourd'hui les distances. Néanmoins, si peu coûteux que soit un *tram* ou un *métro*, il augmente le loyer de quelques francs par mois ; et le temps perdu n'est naturellement pas employé fructueusement.

Cela n'empêche que ces maisons offrent un secours inestimable aux isolées, aux timides, à toutes celles qui doivent attendre l'amélioration d'une position souvent très précaire.

Voici quelques adresses :

« Le Toit familial », 9, rue Guy-Patin. Pension : 60 francs par mois.

« Mississipia », fondation protestante, place des Vosges. Conditions à peu près identiques.

« Société Philanthropique de Paris », rue des Grandes-Carrières et rue Carpeaux. Il y a des *chambrettes* à 0 fr. 60 par jour, et des chambres à 1 franc, à la semaine ou au mois. — A la nuit les mêmes sont comptées 0 fr. 85 et 1 fr. 25. — On paie d'avance. — Un bain coûte 0 fr. 20 et une douche 0 fr. 10. — Un lit d'enfant dans la chambre de la mère ou de celle qui en tient lieu : 0 fr. 30. — La tenue, l'hygiène de cet établissement sont irréprochables, dans leur simplicité. Le règlement

a tout prévu au point de vue des mœurs, de la
santé et des intérêts des pensionnaires. Rien de
plus comme il faut.

Il est incontestable que le *Travail à l'Aiguille*
est, au moins dans ses connaissances élémentaires,
indispensable à la femme. Que celle-ci lui demande
le strict nécessaire, c'est-à-dire l'entretien journa-
lier de ses vêtements sans lequel il n'est pas de
bonne tenue possible ; ou qu'elle lui doive l'économie, l'agrément, de savoir confectionner elle-
même sa toilette, et souvent celle de son entourage ; la couture est son amie, son aide, parfois sa
joie.

On l'a si bien compris que dans les Écoles on
impose les classes de couture ; que les familles les
plus riches obligent leurs filles à savoir plus ou
moins tenir l'aiguille.

Ce qui laisse à désirer en général, c'est la coupe.
Toutes les fillettes ont cousu des robes pour leur
poupée ; mais on la leur avait préparée, bâtie, etc.,
quelquefois finie. La coupe manque encore à la
femme de chambre qui sait coudre, mais échoue
les ciseaux à la main. — Quant aux jeunes filles,
absorbées par les études, si sérieuses aujourd'hui,
elles arrivent à l'époque du mariage ignorantes
absolument d'un talent si utile.

C'est alors que le Cours de Coupe devient précieux ! A l'intelligence formée, une douzaine de
leçons suffisent parfois, surtout lorsqu'elles sont
données par l'Académie de Coupe de Paris, dont la

grande expérience et du travail et des élèves
assure la supériorité.

Aux cours de coupe, d'essayage, de modelage,
on a joint les cours de couture, de modes et de cor-
sets. L'animation est grande parmi les femmes du
monde qui les suivent. C'est gai, aimable et char-
mant.

La direction Daydou a créé aussi des cours pour
les professionnelles, pour les femmes de chambre
désireuses de perfectionnement, — pour toutes les
catégories d'élèves. Demander les renseignements
complets à l'Académie de coupe de Paris, 17, rue
du Quatre-Septembre.

Nous avons dit que la Peinture, en tant qu'Art,
est devenue bien peu lucrative, surtout pour la
femme; — et que les travaux industriels lui deve-
naient aussi de plus en plus rares.

Depuis, nous avons appris qu'une ressource intéressante lui est offerte : La « restauration » des
tableaux dont la science d'érudition, de dessin, de
peinture, doit se doubler de certaines connaissances
en chimie fort importantes. Le progrès marche
à grands pas de ce côté.

L'apprentissage est assez personnel, et doit
aussi être guidé par de bons avis. Il ne faudrait
pas s'aviser, par exemple, de mettre les couleurs
d'une « époque » sur une toile d'une autre
« époque. »

Ce travail, qui exige beaucoup de savoir, d'habileté et de goût, est assez bien rémunéré.

On a pu deviner que j'ai une prédilection pour l'Agriculture, et l'espoir de sa renaissance intelligente.

Aussi comprendra-t-on le plaisir que j'ai éprouvé, d'abord en lisant ceci dans les journaux :

« Dans quelques jours doit paraître, è l'*Officiel*, la promotion du Mérite agricole. Or, à cette occasion, sur le corsage de la première femme qui ait été jugée digne de cet honneur, sera épinglé le ruban aux rayures jaunes et vertes. On a estimé, en haut lieu, que le rôle de la femme, dans une exploitation agricole bien conduite, était prépondérant. N'est-ce pas elle qui fait lever tout le monde aux premières lueurs de l'aurore, elle qui dirige et surveille l'armée des ouvrières occupées au travail méticuleux de la cueillette des légumes, elle qui apprête le départ pour la Halle des chariots bondés de primeurs, elle qui a l'œil partout !

« L'heureuse élue est madame Duvillard, la femme du maire d'Arcueil, président du syndicat des maraîchers de la Seine. »

Puis ma satisfaction s'est renouvelée en apprenant que madame Cavaignac, veuve du ministre qui faillit devenir président de la République, vient de se faire *meunière*.

Bel exemple donné par une vraie femme.

A toute femme dont le travail est sédentaire, il faut recommander avec insistance un peu d'exercice physique chaque jour; et surtout un exercice qui rétablisse le plus possible l'équilibre déplacé

en son organisme, par son genre d'occupation : si
elle travaille de tête, la marche lui est salutaire ; si
elle est trop assise, une bonne course lui fera du
bien. Qu'elle fasse son ménage pour remuer les
bras ; qu'elle se baisse, se relève, se redresse des
reins, se procure en un mot la gymnastique naturelle par laquelle on combat les tares professionnelles.

Quelqu'un recommandait avec raison aux institutrices communales les promenades en plein air, —
et les promenades, dans la compagnie de deux ou
trois élèves prises parmi les plus grandes, les plus
intelligentes, de façon, à distraire la monotonie de
la marche quotidienne dans le même paysage.
Rappelons-nous que la santé tient absolument à la
vie réglée, à l'hygiène bien comprise.

A toute travailleuse épuisée, je signale la maison
Sedaine, située à Saint-Prix. Elle fait partie de l'Association des Villégiatures du Travail Féminin, reconnue d'utilité publique. C'est une des nombreuses
entreprises philanthropiques dont s'honore notre
époque. Pour très peu de chose, et toute l'année,
hiver comme été, une jeune fille, une femme ayant
besoin de repos peut venir là dans des conditions
tout à fait exceptionnelles. — S'adresser à la secré-
taire générale, mademoiselle Korn, 8, rue Saint-
Romain, Paris.

Je suis absolument hostile à la suralimentation
et aux prétendus *toniques*. Mon expérience m'a

démontré que le surmenage soutenu par des excitants est la destruction de l'organisme.

Néanmoins, comme il y a des cas où il faut trouver la force d'accomplir une tâche, et qu'un sacrifice passager des principes d'hygiène s'impose, — comme tant de sacrifices de tous genres, dans l'existence! — je préconise en toute conscience le Vin Mariani, que tout l'univers civilisé connaît et emploie. Toutes les célébrités des Arts, des Sciences, de l'Armée, du monde colonial, les orateurs, et surtout les médecins, ont recours au Mariani quand le « coup de fouet » est nécessaire. — Très pur, très sain, ne recélant aucune drogue malfaisante, il n'a aucune des réactions qu'on reproche à beaucoup de produits similaires. — Il est souverain pour « remonter » une convalescence.

Ne quittons pas ces questions d'hygiène sans mentionner un objet également reconnu d'une importance capitale.

Pour les Écoliers, dès le début jusqu'à la fin de leurs études; aux personnes de tout âge qui doivent écrire, dessiner, travailler tantôt debout, tantôt assises; pour conserver la santé et la vue, on ne saurait trop recommander les célèbres Tables scolaires et les Bureaux Féret à élévation facultative, automatique. — Demander le catalogue : 16, rue Étienne-Marcel, Paris.

On y trouvera la description complète des différents modèles, ainsi que les tables pour malades, facilitant le travail et les repas au lit. Combien elles rendent de services aux blessés ou aux convalescents.

Il ne faut pas rire, si je termine cet ouvrage, plutôt sévère, par un conseil d'apparence frivole, — celui-ci : soignez votre toilette et votre table.

La négligence n'est jamais permise, même aux femmes les plus modestes. La coquetterie intelligente se dissimulera sous les apparences de la simplicité, mais elle existera à tous les âges, et plus que jamais dans l'âge avancé. L'aspect de l'individu est une arme pacifique de conquête.

Quant à la table, c'est un des meilleurs moyens de publicité qui existent pour les professions libérales : artistes, gens de lettres, médecins, avocats, etc., etc... Il ne s'agit pas de « donner des dîners » vaniteux et maladroits, mais de pratiquer l'hospitalité intelligente et cordiale.

Incidemment, rappelons-nous que pour le matériel du cabinet de toilette et de la salle à manger, il n'existe pas de maison supérieure au Grand-Dépôt, unique en son genre, de toute confiance et de vieille réputation.

Oui, ce sont réellement les qualités charmantes qui font le succès dans toutes les carrières. On gâte trop souvent le mérite qu'on a par de légers défauts, par des travers qu'il serait si facile d'éviter !... par une insouciance des choses

...itiques ou... philosophiques, de l'existence.

L'économie bien calculée, les règles du savoir-vivre, la culture du goût, des élégances non coûteuses qui ne demandent que du soin, de bonnes habitudes, un peu de sévérité envers soi-même, l'exactitude, le respect sincère de la parole donnée, — tout cela, ce n'est rien et c'est chance pour plaire, pour séduire... dans le sens très permis, très légitime du mot (1).

Il y a surtout un assouplissement du caractère que l'on obtient par la bonne humeur inlassable, par la résignation souriante, par la confiance dans le résultat final, *fatal*, d'une conduite intelligente. — Quelles que soient les difficultés du début, lorsqu'on sait ce qu'on veut, que l'on persévère, que l'on courbe la tête sous les ouragans, mais sans jamais perdre pied, on finit toujours par prendre position dans la vie. — Je le soutiens, je l'affirme. Si j'ai montré au début du présent livre un peu de pessimisme, c'est qu'il était nécessaire d'ouvrir les yeux aux illusionnés. Parfois les parents sont injustes envers la jeunesse parce qu'ils ignorent les terribles difficultés de la chasse au travail. Il fallait dire la vérité.

Mais maintenant qu'elle est dite, puisque nous savons qu'on doit borner ses ambitions et chercher le bonheur dans la régularité des occupations journalières; puisque la Femme moderne devra

(1) Lire le *Livre de Cousine Jeanne*, et *La Vie telle qu'elle est, comment il faut la prendre*, par Georges Régnal; *Le Protocole mondain de Parisette*.

au labeur son indépendance, sa fierté... — aimons le Travail, chantons son Hosanna!... Il libère, il console, il ne trahit jamais, — à la condition que l'on reconnaisse sa splendide supériorité sur le Plaisir décevant.

FIN

TABLE DES MATIÈRES

Comment se créer de promptes ressources. 11
Femmes de Lettres. 28
La doctoresse. 44
La couturière. 47
La femme peintre. 59
La brodeuse. 67
La femme de théâtre 73
L'infirmière. 85
La femme de chambre 89
Le commerce, l'industrie 98
Chimistes, pharmaciennes 115
L'ouvrière de fabrique 118
La danseuse 122
La musicienne 126
La femme sculpteur. 131
La conférencière. 133
L'agriculture 138
L'institutrice 141
Les colonies 150
L'architecture. 153
La chanteuse 155
Médecin-dentiste 160

L'employée de bureau. 176
Les intermédiaires. 189
Professeur de beauté 194
Le tabac et ses ouvrières 198
Les arts décoratifs 200
Les inspectrices. 208
La modiste 210
Carrières diverses : *L'Avocate. — L'Ouvreuse. — Cochères et Chauffeuses. — Artistes de Cirque et de Music-Hall. — Bijoutière. — Enfileuse de perles. — Herboriste. — Photographe. — Imprimerie, etc., etc* . . . 212
Quelques exemples de succès personnels 236
Indications diverses. 247

ÉMILE COLIN ET Cⁱᵉ — Imprimerie de Lagny.
E. GREVIN, Succʳ.

GRAND DÉPOT
PORCELAINE . FAÏENCE . CRISTAUX . CÉRAMIQUE
LA PREMIÈRE MAISON DU MONDE POUR LES
SERVICES DE TABLE ET DE DESSERT
E. BOURGEOIS
21.23 RUE DROUOT
PARIS
CONTRE UN MANDAT DE 2f REMBOURSÉS A LA PREMIÈRE COMMANDE
DE 20f LE GRAND DÉPOT ENVOIE FRANCO SON NOUVEL ALBUM
COLORIÉ ET ILLUSTRÉ DE 150 PAGES CONTENANT PORCELAINE, FAÏENCE
ET CRISTAUX AINSI QUE SES CATALOGUES D'ORFÉVRERIE ET DE COUTELLERIE

MORCEAUX DE PIANO

Musique classique, Danses, Morceaux de Genre

1re Série. Musique classique

1. BACH. — Gavotte.
2. BEETHOVEN. — Marche Funèbre.
3. — Valses Célèbres (1re série).
4. — Valses Célèbres (2e série).
5. — Menuet.
6. — Scherzo.
7. BOCCHERINI. — Célèbre Menuet.
8. CHOPIN. — Célèbre Mazurka.
9. — 2e Nocturne.
10. — Mazurka Originale.
11. — Valse Célèbre.
12. — 3e Polonaise.
13. — 5e Nocturne.
14. FIELD. — 5e Nocturne.
15. GLUCK. — Orphée. Air *J'ai perdu mon Eurydice*.
16. HANDEL. — Gigue.
17. HAYDN. — Menuet du Bœuf.
18. MARTINI. — Les Moutons. Gavotte.
19. MENDELSSOHN. L'Espoir. Mélodie.
20. — Barcarolle.
21. — Romance sans Paroles.
22. MOZART. — Menuet Favori.
23. — Sérénade de Don Juan.
24. — Rondo.
25. — Don Juan. Air de *Zerline*.
26. RAMEAU. — Le Tambourin.
27. ROSSINI. — Boléro de la Gazza Ladra.
28. — La Prière de Moïse.
29. SCHUBERT. — Sérénade.
30. — Le Printemps.
31. — La Truite.
32. — Aubade.
33. SCHUMANN. — Pièces choisies (Rêverie. La Moisson. Chanson sans paroles. Le Gai Laboureur.)
34. — L'Auberge.
35. STRADELLA. — Pietra Signora.
36. WEBER. — Dernière Pensée.
37. — Obéron. Air de l'*Océan*.
38. — Barcarolle d'Obéron.

2e Série. Danses, Morceaux de genre

1. CH. ABDANK. — Mazurka.
2. — La Berceuse.
3. — Romance sans Paroles.
4. C. BAILLE. — Chanson d'Avril.
5. CH. DE BERNAROL. — Mazurka.

56. PAUL BERTHIER. — Reine des Prés. Redowa.
57. LOUIS BONTEMPS. — Dans la Nuit.
58. LÉON CANTON. — Chanson Russe.
59. ED. CAZENEUVE. — Sérénade du Gondolier.
60. PAUL CRESSONNOIS. — Sérénade Mozarabe.
61. A. DECQ. — L'Aurore.
62. — Espanola. Fantaisie-Caprice.
63. P. DEDIEU-PETERS. Risette. Polka.
64. — Gavotte-Amélie.
65. JEANNE DUBOIS. Près de la Source.
66. JULIETTE DURAND. Follette. Valse.
67. H. DUVERNOY. — La Fiancée de Beaucourt. Valse.
68. — Prascovia. Schottish.
69. — La Danse de l'Odalisque.
70. — Sur les Falaises!
71. CAM. FAGÈS. Patati-Patata. Polka.
72. — Sens dessus dessous. Polka.
73. R. GOUBLIER. — Au Printemps de la Vie. Mazurka.
74. G. GURTLER. — A la Steppe. Rhapsodie Hongroise.
75. — Nocturne.
77. — Les Oiseaux. Caprice.
76. MAURICE HUBERT. — Cœur panaché. Polka.
78. JOSEPH LANNE. Valse romantique.
79. RENÉ LELIÈVRE. — Petite Marche fantaisiste.
80. Souvenirs de la Marquise. Menuet.
82. ERNEST LOISON. — Le Mois des Fleurs. Bluette.
83. — Campana. Pastorale.
85. GABRIEL LORDON. — En avant les Midinettes. Quadrille américain.
88. MANHANGIS. — Feuilles Volantes.
90. CH. MERELLY. — Pantins et Ficelles. Polka.
91. GABRIEL PARÈS. — Menuet-Caprice.
92. FÉLICIEN PONCET. — Volupté. Mazurka.
93. E. PROVINICALI. Héléna. Mazurka.
94. LOUIS RATZ. — Polka des Fontaines.
95. — En Avant-Deux! Quadrille.
96. E. ROLLÉ. — Mazurka Favorite.
98. GEORGES SCHMITT. — Pastorale.
100. A. DE VERVILLE. — Loup y es-tu? Mazurka.

Broderie Moderne

Journal hebdomadaire de Travaux féminins

PARAISSANT TOUS LES JEUDIS

BRODERIES ◊ DENTELLES ◊ TAPISSERIE ◊ CROCHET ◊ FANTAISIES ◊ PYROGRAVURE ◊ CUIR REPOUSSÉ, etc.

Le Numéro : 10 Centimes

BRODERIE MODERNE s'adresse à toutes les dames, à toutes les jeunes filles qui, sans distinction de situation, exécutent pour elles, pour leur entourage, pour leur intérieur, tout ce qui charme et embellit.

BRODERIE MODERNE s'adresse aussi et tout particulièrement à toutes les institutrices, maîtresses de pensions, qui, pour leurs cours de travaux, trouveront dans ce journal le plus puissant des auxiliaires comme conseils d'exécution et dessins à reproduire, toujours *en grandeur naturelle*.

BRODERIE MODERNE est également un journal technique, indispensable à toutes les personnes qui par profession sont toujours à la recherche de nouveaux modèles, d'alphabets, chiffres, monogrammes, etc.

BRODERIE MODERNE publie gratuitement chaque semaine, avec son numéro composé de huit grandes pages, un important supplément consacré tantôt à la *Brodeuse*, renfermant alors de nombreux alphabets, monogrammes, noms, festons de lingerie, etc. ; d'autres fois, ce supplément en ses *Pages artis-tiques* contient de nombreux dessins rapportant aux travaux artistiques goûtés aujourd'hui de toutes les dames et leur permet de décorer leur intérieur avec goût et recherche.

Enfin *Broderie Moderne* offre le souvent possible des **Dessins décalquables au fer chaud**, si largement appréciés de toutes les lectrices et que jusqu'à ce jour, elles étaient obligées de payer un *prix élevé*.

BRODERIE MODERNE est le seul journal de travaux féminins qui donne réellement des modèles artistiques admirablement choisis comme variété de sujets et de dessins. La collection actuellement parue forme un remarquable ensemble de travaux de tout premier ordre, soit en broderies, dentelles (Renaissance, d'Angleterre, de Bruges, de Ténériffe, Venise, etc.) tapisseries, crochet, frivolité, pyrogravure, cuir repoussé, etc.

BRODERIE MODERNE ouvre en toutes ses lectrices de grands concours avec nombreux prix en espèces, valeurs à lots et objets divers.

◊ ◊ ◊

ABONNEMENTS

Edition simple, comprenant 52 numéros avec 52 suppléments gratuits.

France, Algérie, Tunisie. Un an..	6 »	Six mois.....................	3 5
Etranger et Colonies. Un an..	8 »	Six mois.....................	4 5

Edition de luxe avec dessins décalquables, comprenant en plus des 52 numéros de l'Édition simple et de ses suppléments : Deux très beaux ouvrages tout préparés, échantillonnés avec fournitures et 26 dessins décalquables au fer chaud.

France, Algérie, Tunisie. Un an..	20 »	Six mois......	12
Etranger et Colonies. Un an..	24 »	Six mois.....................	13

Le Crime
de
Gramercy Park

Roman de **A.-K. GREENE** traduit de l'anglais
par
J.-H. ROSNY

~~~~~~~

eau volume in-18 jésus. Prix .. .. **3 fr. 50**

~~~~~~~

un roman de police qui nous vient non plus d'Angleterre,
d'Amérique, où il a obtenu lors de son apparition le plus vif
plus éclatant succès.

les brillants romanciers J.-H. ROSNY, que tout le monde
it et admire, renonçant à leur propre personnalité, ont consacré
eau talent à traduire une œuvre étrangère, il faut admettre
ont été séduits par ses qualités toutes spéciales et l'ont jugée
ulement intéressante et passionnante par elle-même, mais
particulièrement apte à convenir et à plaire au public français.

jugement a été pleinement confirmé par le délicat poète
nd ROSTAND, membre de l'Académie française, qui a raconté
ne interview que, lorsque ce roman a paru récemment en
ton dans un grand quotidien, c'était à l'arrivée du train un
général de tous les habitants de sa villa vers la gare, chacun
uant à être le premier en possession du journal apportant de
aux détails sur le " Crime de Gramercy Park ", et tous
avides de connaître les exploits du détective amateur qui
nt à expliquer les circonstances d'un meurtre étrange et mys-

qui ajoute un côté amusant et piquant à cette extraordinaire
ture, c'est que ce détective est une vieille fille maniaque et
ntaire qui s'est trouvée bien malgré elle, mais non sans un
t contentement, mêlée aux événements dramatiques qui ont
vé l'intervention de la police, et qui, par amour-propre et pour
nger du dédain que témoignent pour son opinion les détectives
sionnels, est amenée à jouer un rôle actif dans l'affaire, et
par triompher dans la lutte qu'elle entreprend pour démontrer
cence de celui que l'on accuse injustement, et pour
uir le véritable coupable.

~~~~~~~

nvoi franco contre mandat-poste de **3.50** adressé

ules TALLANDIER, éditeur, 8, rue St-Joseph, Paris
~~~~~~~

15, rue Jean-Baptiste Colbert
ZI Caen Nord - BP 6042
14062 CAEN CEDEX
Tél. 31.46.15.00
RCS Caen B 352491922

Film exécuté en 1992

www.ingramcontent.com/pod-product-compliance
Ingram Content Group UK Ltd.
Pitfield, Milton Keynes, MK11 3LW, UK
UKHW022159120726
13694UKWH00002B/359